불황에서 살아남는
금융의 기술

CORPORATE FINANCE

기업금융의 실제사례를 생생하게 전하는 최초의 책

불황에서 살아남는
금융의 기술

송기균 지음

기업금융연구소

재테크의 반대편에서
금융을 공부하기

작년 가을, 공무원인 작은 형님이 갑작스레 전화를 했다. 약간 긴장된 목소리로 긴히 상의할 일이 있다는 말에 '혹시 펀드에 올인하고 고생하는 건가' 하는 걱정이 스쳤으나 다행히 그건 아니었다. 작은 형님은 평소 재테크와는 거리가 먼 전형적인 공무원이었다. 전화로 밝힌 사정은 이랬다.

2년 전 3천만원을 보험회사에 맡겼다. 10년이 지나고부터 매월 얼마씩 연금식으로 받는 조건이었다. 돈을 맡긴 곳이 미국 최대 보험사인 AIG였고, 그 회사가 망할지도 모른다는 기사가 대문짝만하게 나자 불안하여 전화한 것이다. 2년 치의 이자를 포기하고라도 지금 당장 해약을 해서 원금이라도 건져야 되는 것이 아닌지 상의하려고…

작년 말쯤 지인으로부터 또 다른 전화를 받았다. 그분 역시 재테크와는 담을 쌓고 살던 분이었다. 전화 내용을 그대로 옮기면 이렇다.

"평소 재테크에 관심을 두지 않고 여유자금은 은행 정기예금으로 돈을 관리하여 왔다. 그런데 어제 만기가 된 정기예금을 재예치하러 은행에 갔더니 담당 과장이 은행의 후순위채권에 투자하라고 권유를 하더라. 정기예금보다 1.5% 더 높은 7.5% 금리를 준다는 말에 귀가 솔깃하기도 하고 설마 은행이 망하기야 하겠느냐는 생각이 들었지만 혹시 몰라서 아직 결정을 못 내렸다. 정말 은행의 후순위채권에 투자해도 위험하지 않을까?"

가장 안전하다고 믿어왔던 보험사와 은행들이 망하는 경우까지를 대비하여 자산을 운용해야 하는 상황이 되었다. 이런 상황에서 금융에 대한 공부는 평소 재테크에 관심이 없던 평범한 사람들에게도 필수사항이 되었다. 금융을 모르면 부지불식간에 재산상의 손실을 입을 수도 있는 세상이 된 것이다.

내 재산을 지키기 위한 금융 공부를 어떻게 해야 하나?

대형서점의 경제 경영 코너에 가면 수백 여종의 금융서적이 나와 있다. 인터넷을 검색하면 천 종류 이상의 책들이 검색창에 뜬다. 너무 많아서 혼란스러울 지경이다.

그런데 금융에 관한 책들은 한결같이 재테크에 대한 이야기뿐이다. '3년 안에 100억 벌기' 류의 주식투자 가이드 내지는 성공담이 대부분이다. 선물이나 옵션 같은 파생상품 투자 역시 재산증식을 위한 금융의 기술을 이야기하고 있다.

이 모든 책들을 독파하면 금융을 마스터하게 될까?

결코 그렇지 않다. 이 수많은 책들은 금융의 한쪽 면만을 이야기하기 때문이다. 모든 책을 다 읽어도 금융의 절반만을 이해하게 될 뿐이다. 또 다른 중요한 절반은 무엇인가? 그에 대한 대답을 얻기 위해 잠시 금융이란 무엇인가라는 근본적인 질문에 대해 생각해 보자.

금융이란 돈의 흐름이다. 여유자금을 운용하려는 투자자의 돈이 사업을 위해 자금이 필요한 기업가에게 흘러가는 과정이다. 돈을 매개로 투자자와 기업이 만나는 과정이 금융이고, 그 기능을 하는 곳을 금융시장이라 부른다. 그러므로 금융의 두 주체는 투자자와 기업이다.

지금까지 우리는 투자자의 관점에서만 금융을 바라보았다. 부동산과 함께 재산증식의 중요한 수단으로 금융을 공부한 것이다. 그래서 금융이란 곧 재테크라는 등식이 부지불식간에 우리 머리 속에 자리잡게 되었다.

금융의 다른 한 면은 기업이 사업자금을 조달하는 과정이다. 자금을 조달하여 생산활동을 하고 거기에서 창출된 부가가치를 투자자에게 돌려주는 다른 한쪽 면까지 알아야 비로소 금융 공부가 완성된다.

투자자가 주인공인 금융을 재테크라고 부른다면 기업이 주인공인 금융은 기업금융이라 부를 수 있다. 재테크를 목적으로 금융 공부를 하려는 사람도 그 반대편에 있는 기업금융을 이해함으로써 금융에 대해 완벽하게 알 수 있게 된다. 재테크의 대상인 기업과 그들의 금융활동을 정확히 아는 것이 중요한 이유다.

'은행이 발행한 후순위채권 투자가 위험하지 않은가' 라는 당초의 질문으로 돌아가 보자. 은행의 후순위채권 투자의 위험은 무엇을 말하는가?

그것은 만기에 원리금을 돌려받지 못하는 위험, 즉 은행이 망할 수 있는 가능성을 말한다. 그러면 은행이 망하는 이유는 무엇인가? 은행은 빌려준 돈을 받지 못하면 부실이 발생하고 그 부실이 누적되어 은행의 자본을 초과하면 망하는 지경에 이른다.

결국 은행 후순위채권 투자의 위험을 판단하기 위해서는 은행의 대출이 어떻게 이루어지는지를 알아야 한다. 은행대출이란 기업의 입장에서 보면 자금의 조달이다. 그러므로 기업이 은행대출을 받는 과정, 즉 기업금융을 아는 것이 여유자금을 은행 후순위채권에 운용하려는 투자자도 꼭 알아야 할 필수사항이 되는 것이다.

AIG에 가입한 보험이 안전하게 지켜질지를 판단하는 것 역시 이와 다르지 않다.

기업이 주인공이 되는 기업금융의 세계는 재테크보다 더 어렵고 복잡하다고들 생각한다. 대학교에서 '재무관리' 과목을 공부한 사람이라면 이런 생각이 더 확고할 것이 틀림없다.

그래서 이 책은 기업의 금융활동에 대해 이론적인 설명은 최대한 생략하고 기업금융 현장에서 일어나고 있는 사례들을 이야기로 들려준다.

지난 25년 간 금융의 여러 분야에서 기업인들을 직접 만나고 바로 옆에서 지켜본 이야기들이다. 벤처캐피탈로부터 투자를 유치하려는 기업들의 이야기, 은행대출과 신용보증을 받기 위해 애쓰는 기업들의 모습을 생생하게 담으려고 노력하였다. 직접금융과 간접금융 그리고 국제금융까지 폭 넓은 금융의 세계를 기록하였다. 한발 더 나아가 정책금융을 활용하려는 기업들을 도와주면서 터득한 결과들도 담겨 있다.

이 책은 기업금융의 실제사례를 쓴 최초의 책이며, 기업금융을 이야기로 풀어간 최초의 책이다. 그러므로 기업금융의 현장을 독자들이 생생하게 간접 체험할 수 있고, 이야기 책을 읽듯이 단숨에 읽어 내려갈 수 있는 쉽고도 재미있는 책이다.

불황에서 살아남는 금융의 기술

책 속의 주인공들이 직면한 금융 문제를 시행착오를 거치며 해결해 가는 과정은 바로 우리 중소기업들이 매일매일 부딪치고 고민하는 일상이다.

그러므로 사업가는 책의 주인공을 그대로 따라하기만 하면 되고, 예비창업자는 사업을 시작하기 전에 가장 중요한 금융을 미리 예습할 기회를 가질 수 있다. 또한 금융기관 종사자나 취업 준비생은 고객인 기업의 금융활동을 눈 앞에서 보듯이 생생하게 체험할 수 있다.

무엇보다 중요한 것은, 금융공황에서 파생한 잠재위험요소들로부터 자신의 재산을 지키려는 평범한 사람들이 불가피하게 시작해야 하는 금융 공부에 큰 도움이 된다는 점이다.

재테크 책에서는 말해주지 않는, 그러나 금융의 중요한 반쪽인 기업금융의 세계를 이 책이 전하고 있기 때문이다.

불황에서 살아남는
금융의 기술

· 차 · 례 ·

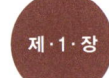

정책금융 활용의 기술

제·3·장 사업계획서, IR, 프리젠테이션의 기술

CORPORATE FINANCE

제 · 1 · 장

금융의 달인을 찾아서

자금을 어떻게 구하지?

〈중소기업의 효과적인 자금조달〉 강의를 마치고 강의실을 나서는데 수강생 한 명이 다가와서 명함을 내민다.

'C&N Technology … 대표이사 정욱'

"창업한 지 일 년 됐습니다. 신제품 개발이 끝나가는데 자금이 떨어져서요. 자금조달을 어떻게 해야 할지 배우러 왔습니다. 오늘 강의 듣고 많이 배우긴 했는데 아직 확실하게 답을 모르겠네요."

"두 시간 강의에서 곧바로 해답을 찾을 것으로 기대했다면 좀 성급하시네요. 그런데 개발하고 있는 제품은 무언가요?'

"LCD에 사용하는 유리의 세정장비 기술입니다. 시장은 계속 커지니까 사업전망은 좋다고 생각되는데 자금이 문제네요."

"개발 경력은 오래 되셨나요?"

"예, 창업 전에 한국생산기술연구원에서 12년 연구했습니다."

"개발을 담당하는 직원은 몇 명이나 되죠?"

"저랑 같은 연구원에 있던 후배하고 대학원생 두 명, 합해서 총 네 명입니다."

"그럼 정부 정책과제는 검토해 봤나요?"

순간 정 사장의 눈빛이 반짝인다.

"아니요. 금융 쪽은 잘 몰라서요. 가능한 방법이 있을까요?"

"중소기업청에서 매년 개발과제를 공고하고 선정된 기업에는 개발자금을 지원하고 있습니다. 개발과제가 아니래도 지금 단계에서는 정책금융을 검토해 보는 게 좋겠네요. 창업초기 기업에는 정책금융이 가장 가능성이 높습니다. 개발이 완료되고 나서 매출이 발생하면 그때는 투자유치를 알아보는 게 일반적인 순서입니다. 어떻게 검토해야 할지는 아시죠?"

내가 웃으며 말하자 정 사장 역시 웃으며 대답한다.

"예, 오늘 배웠으니까요."

"신청서 작성하면서 궁금한 사항이 있거나 평가기준에 대해서 알고 싶으시면 전화하고 제 사무실로 오세요."

사업을 새롭게 시작하려는 사람은 물론이고 하고 있는 사업을 키

우려는 경우에도 가장 큰 문제가 자금이다. 기존 사업에 문제가 있어 다른 사업분야로 전환하려는 경우에는 자금이 더 큰 문제다. 그렇다고 눈앞에 사업기회가 보이는데 자금 때문에 그 기회를 포기하는 것은 사업가로서 견디기 힘든 일이다.

정 사장 역시 정말 좋은 사업기회가 자신에게 주어졌다고 생각하고 있을 거다. 한번 해볼 만하다는 정도가 아니라 혼신을 다해 매진했기 때문에 이런 기회를 만날 수 있었다고 약간은 흥분하고 있을지도 모른다. 그런데 돈이 없어서 그 좋은 기회를 그냥 흘려 보내야 된다면 얼마나 가슴 아픈 일이겠는가.

정말 자금이 중요해지는 순간은 지금과 같은 불황의 시기다. 기업이 죽느냐 사느냐 생존의 기로에 섰을 때 그 생사를 가르는 것은 자금이니까. 불황이 시작되어 매출이 급감하고, 어렵게 판매한 제품의 대금을 못 받아 부실채권이 발생하더라도 자금조달만 원활하면 기업의 생존은 유지된다.

그러나 돈이란 쉽게 해결되는 문제가 아니다. 우리의 일상생활에서 돈 문제가 대두되었을 때를 생각해 보라. 친한 친구라도 몇 십만원을 빌리기가 쉽지 않다. 몇 백만원이라면 친구 사이가 소원해질 수도 있다. 돈이란 그런 것이다. 하물며 사업자금으로 1억원이 넘는 금액이라면 조달의 어려움은 가히 짐작이 되고도 남는다. 어느 TV 광고 카피처럼 '뉴튼도 아인슈타인도 해결하지 못한 바로 그 문제' 가 돈 문제 아니던가.

내 돈이 충분하여 자금 걱정 없이 사업을 추진할 수 있다면 얼마나 좋을까. 부모형제가 부자여서 필요한 만큼의 사업자금을 계속해서 대줄 수 있다면 아주 이상적이겠지만 이런 경우는 극히 드물다. 대부분은 외부에서 자금을 조달하여야 한다.

자금조달의 문제에 부딪치면 대부분의 중소기업 사장은 머리 속이 하얗게 변한다. 기본적인 지식조차 없어서다. 제품개발과 생산, 판매, 직원관리에 전력투구를 해야 겨우 살아남을 수 있는데 자금조달에 대한 전문지식을 쌓는 것은 꿈도 못 꿀 일이다. 어디서 어떻게 시작해야 할지가 막막하다.

바쁜 시간을 쪼개서 대학교의 최고경영자 과정에 등록하기도 한다. 경영자를 대상으로 기업경영에 대해 가르치는 과정인데도 기업의 자금조달에 직접 도움이 될 강좌는 만나기 힘들다.

주위에 금융을 잘 아는 사람을 찾아 나서기도 한다. 은행이나 증권사에 다니는 친구를 찾아가서 자문을 받아도 속 시원한 대답을 듣는 경우는 드물다. 우리 회사에 딱 맞는 해답을 줄 수 있기 위해서는 상당한 정도의 금융지식과 기업금융 경험이 있어야 하기 때문이다.

이럴 때 도움을 받을 수 있는 금융의 달인을 만난다면 얼마나 좋을까!

자금조달을 고민하는 모든 기업가들의 바람이다. 자금조달에 관한 기본지식만이라도 알려주는 안내자가 있다면 아주 큰 도움이 될 것 같다. 금융기관을 찾아가서 상담을 할 때도 기본지식이 있다면 더 많은 것을 얻을 수 있을 테니까. 되지도 않을 일을 추진하느라 귀중한 시간을 낭비하는 일도 없을 테고.

더욱더 중요한 것은 자금조달 방법이 있는데도 그것을 몰라서 천재일우의 사업기회를 놓치거나 기존의 사업을 중도에 포기해야 한다면 평생 후회할 것이다. 정말 좋은 사업기회는 평생 몇 번 오지 않는다는데 금융지식 부족으로 흘려 보내기에는 너무 안타까운 일이니까.

다음 이야기는 정 사장이 금융의 달인을 찾아가는 과정에 관한 이야기다. 여러번의 시행착오를 거친 끝에 금융의 달인을 만나서 사업자금 조달방법을 하나씩 깨우쳐 가는 과정이다.

사업을 하고 있거나 창업을 마음에 담아 두고 있는 사람이라면 한번쯤 따라 해볼 만하다. 자금조달 방법을 찾는 것부터 정책금융의 활용, 사업계획서와 IR의 100% 활용법, 그리고 갚지 않아도 되는 돈인 투자유치까지 금융의 달인에게 배울 것은 무궁무진한 것처럼 보인다.

이 책을 끝까지 읽는 독자가 깨닫게 되는 또 하나의 중요한 교훈은 금융의 달인은 한 명이 아니며, 반드시 금융 전문가여야 하는 것도 아니라는 점이다. 사업 현장에서 뛰고 있는 중소기업인 중에서도 달인의 경지에까지 오른 사람들이 많다는 것을 잠시 후면 알게 될 것이다. 물론 그들은 수많은 시행착오를 거친 뒤에 그 경지에 오르게 된 것일 테지만.

금융의 달인을 만나서 그들의 노하우를 전수받는 기분 좋은 여행을 떠나고 싶은가? 그렇다면 어서 다음 장을 넘기고 모험을 시작해 보라.

Corporate Finance

금융의 달인을 찾아서

자금조달 문제로 고민하던 정 사장이 가장 먼저 생각한 것은 기업금융에 대해 기본적인 이론을 공부해보자는 거였다. 명문대를 나온 모범생다운 발상이었다.

'그래 금융의 기초부터 공부해 보자. 그러면 답이 보일 거야. 항상 그래왔잖아? 기본을 다지고 나면 어려운 문제에 대한 해답도 보이는 거라고. 책이란 많은 사람들이 시행착오를 거쳐 깨달은 지식을 압축시켜 놓은 것이니까.'

퇴근길에 교보문고에 들렀다.

기업금융에 관한 책을 찾기 위해 한 시간 이상 경제·경영 코너를 뒤졌으나 허사였다. 기업금융과 관련된 제목은 아예 보이질 않는다. 금융이라는 이름이 들어가는 책들은 한결같이 재테크와 관련된 책들뿐이다. 주식 투자와 부동산 투자에 대해서는 진열대가 부족할 정도로 많은 책들이 나와 있다. 수많은 책들이 사람들의 눈길을 끌기 위해 매혹적인 제목과 화려한 표지로 치장을 한 채 전시되어 있다.

그러나 기업이 자금을 조달하는 데 도움을 주는 책은 없다. 기업금융이라는 말이 들어가는 제목은 아예 보이질 않는다. 비슷한 이름은 대학교에서 경영학 교재로 사용하는 〈재무관리〉라는 제목뿐이다. 목차를 훑어보니 자금조달이라는 용어가 눈에 띈다. 기업의 자금조달과 관련된 어려운 전문용어들이 목차를 가득 채우고 있다. 가장 두꺼운 〈재무관리〉 한 권을 집어 들었다.

저녁을 간단히 끝내고 〈재무관리〉 책을 펼친 정 사장은 밤새워 그 책을 독파하였다. 대학입시를 앞둔 수험생의 마음가짐으로 하룻밤을 꼬박 새운 것이다.

정 사장은 과연 이 교과서에서 해법을 찾았을까?

책의 서론에 나오듯 재무관리란 기업의 자금조달과 운용에 관한 학문이다. 그러므로 자금조달이 이 교재의 절반을 차지할 것이다, 라는 기대는 목차를 본 순간 허물어졌다. 총 900쪽의 분량 중 자본조달에 관한 내용은 120쪽에 불과했으니까.

120쪽이라 해도 웬만한 책의 절반 분량이니까 열심히 공부하면 자금조달에 대해 많은 것을 배울 것이다, 라는 희망마저도 밤이 깊어가면서 차츰 희미해져 갔다.

자본조달에 대한 교재 내용을 요약하면 이랬다.

> 기업의 자본조달 방법을 주식 발행(자기자본 조달)과 회사채 발행(부채 조달)으로 단순화하고, 이 둘의 비율을 어떻게 구성해야 기업의 가치를 극대화할 수 있는가에 대해 탐구한다.

이것이 자본조달에 대한 내용의 전부였다. 중소기업이 간절하게 알고 싶어하는 것, 사업자금을 어떤 방법으로 조달할 수 있는가에 대해서는 한마디도 언급이 없었다. 애당초 아예 관심조차 없는 듯했다.

밤샘을 한 정 사장은 허무하기까지 했다. 초저녁의 들뜬 마음은 새벽녘 바깥 공기처럼 냉랭해졌고, 수험생처럼 타올랐던 학구열은 시험 결과를 확인한 낙방생의 체념처럼 허탈한 심정으로 바뀌었다.

〈재무관리〉 교재를 독파했는데…

'복잡한 수식들과 어려운 이론들은 기업경영 현실과는 너무도 동떨어진 상아탑 속에서만 통하는 일종의 상형문자일 뿐이야. 〈재무관리〉란 학점을 따기 위해 그 과목을 반드시 듣고 시험을 치러야 할 의무가 있는 학생들만을 위해 쓰인 책이란 말인가?'

'재무이론이란 게 기업경영에 활용하라고 개발한 이론인데 기업경영자가 읽고서 배우는 게 하나도 없다면 뭐 하러 만든 거야? 종이 낭비 아니고 뭐냐고?'

꼬박 밤을 새우고서 허탈해진 정 사장의 마음에는 원망스런 생각만 가득했다.

아침을 먹으면서도 자금조달에 골몰하던 정 사장에게 문득 다른 벤처기업에서 재무업무를 담당하는 친구가 떠올랐다. 숟가락을 놓고 그 친구의 핸드폰 번호를 눌렀다. 그리고 점심 약속까지 하고 나서야 답답하던 머리에 한 가닥 생기가 솟았다.

가정집을 개조한 식당은 큰 길 뒤편에 있었다.

선릉역이 가까운 거리임에도 주위는 소란하지 않고 한적하였다. 친구가 자주 가는 곳이어서 둘이서만 작은 방을 차지하고 이야기를 나눌 수 있었다.

친구의 관심은 온통 코스닥 기업들의 주가에 쏠려 있었다. 미국 나스닥 시장을 비롯한 글로벌 주식시장이 장기 상승국면에 들어섰고, 우리나라 벤처기업의 주가도 드디어 5년 간의 침체기를 벗어나

제 2의 도약기를 맞을 거라는 등.

정 사장의 귀에는 전혀 들어오지 않는 이야기를 한참 늘어 놓더니 정작 자금조달에 대한 정 사장의 고민에는 무관심한 듯하였다.

"글쎄, 이야기 들어보니 해볼 만한 사업이긴 한데. 자금이 장난이 아니겠다. 너희처럼 초기 단계에는 벤처투자 받는 것 말고 다른 방법이 있을까?"

"그건 나도 알아. 우리 회사 현 상황에 맞는 다른 방법들이 뭐가 있는지 알고 싶어서 그런 거지."

"근데 우리 회사는 이미 상장한 회사잖니? 공모할 때 들어온 자금이 아직도 현금으로 남아 있으니까 자금조달은 걱정할 필요가 없어요. 내가 자금담당이긴 한데 조달 때문에 고민한 적이 한 번도 없어. 어제도 은행 지점장이 와서 자기네 대출을 쓰라는 거야. 정기예금 하고 있는 거 뻔히 알면서도."

"그럼 너희가 우리 회사에 투자하면 되겠네. 책임지고 대박 나게 해 줄 테니까. 어때? 한번 해 볼래?"

비아냥거리는 말투가 섞여서인지 친구는 눈만 동그랗게 뜰 뿐 말이 없다.

"농담이야. 답답하니까 농담 한번 해 본 거지."

한참 동안 식사만 할 뿐 두 사람 사이에 말이 없다. 다시 말을 꺼낸 건 친구였다.

"참, 갑자기 생각났는데 벤처기업협회에서 세미나 하는데 같이 한번 들어 볼래? 〈중소기업의 효과적인 자금조달〉이라니까 도움이 될 수도 있겠다. 나는 이미 참가신청 했는데 너도 같이 가보자. 다음 주 수요일 저녁 이 근처에서 하거든. 네 이름으로 참가신청을 해둘게.”

“글쎄 제목은 그럴 듯한데. 뭐 도움이 될까?”

“저녁 시간 잠깐 내서 참석하면 하나라도 건지는 게 있지 않겠어?”

“그러든지…”

대답은 하였지만 큰 기대는 되지 않았다. 아마 전날 밤새워 읽었는데 하나도 건진 게 없는 〈재무관리〉 교재 때문이었으리라. 강의라는 게 교재에 나오는 이야기 반복하는 것 아니겠냐고.

〈중소기업의 효과적인 자금조달〉 강의를 듣다

좁은 강의실은 사람들로 가득 메워져 있다.

양복에 넥타이를 맨 정장차림보다는 청바지와 셔츠를 편하게 걸친 벤처 타입이 더 많다. 몇 년 전 뜨겁던 벤처 열기는 식었지만 대박을 터뜨리는 벤처기업들은 계속 나오고 있다. 오히려 벤처업계가 차분하게 내실을 기하는 중이라는 표현이 적절할 것 같다. 오늘 강의실을 가득 메운 젊은이들도 내공을 쌓기 위해 피곤함을 무릅쓰고 나온 것일 테고. 정 사장은 약간의 긴장감이 느껴진다.

"요즘 벤처사업 하시는 분들 많이 만나는데요. 첫마디가 자금조달 어떻게 해야 하느냐는 겁니다. 그래서 제 강의 첫 주제가 〈자금조달 방법 찾기〉입니다."

지루한 서론 없이 바로 본론을 시작하는 것이 일단은 마음에 든다. 벤처기업의 정의가 어떻고, 미국과 차이점은 뭐고, 정부가 벤처산업 육성을 위해 어떤 일을 해야 하고 등등 서론이 길면 정작 본론이 빈약하기 마련이다.

"사업경험이 많지 않은 분들이 자금문제에 부닥치면 막막합니다. 10년씩 사업하신 분들도 자금조달이 어렵긴 마찬가지고요. 은행 말고는 모르죠. 그리고 아는 사람 소개받아서 창투사한테 펀딩 받는 것 정도 아는 게 다인 것 같아요."

자기 현실을 이야기하는 것 같아 정 사장은 바짝 집중이 되었다. 저녁 먹은 후의 노곤함도 잊은 채 강의에 귀를 기울인다.

"오늘 오신 분 중에는 상장기업도 있고 사업규모가 큰 회사도 있을 텐데, 그 분들도 비슷한 거 같아요. 그런 기업은 선택범위가 훨씬 넓은데도 은행대출 말고는 잘 모르는 것 같아요."

옆 자리에 앉은 친구도 알 듯 말 듯 고개를 끄덕인다.

"기업하다가 자금이 필요하면 어디 가서 어떤 방법으로 조달해야 하는지 대부분 모릅니다. 그리고 자문 받을 곳을 찾는 것도 쉽지 않습니다."

중소기업 현실을 정확히 짚어내는 지적이라는 듯이 여기저기서 고개를 끄덕인다.

'지적은 정확한데. 해결책 역시 속 시원한 답이 나올는지…'

정 사장의 마음속에는 아직도 의구심이 가시지 않는다.

"이처럼 자금은 필요한데 어떤 방법으로 조달해야 할지 막막할 때 도움을 주는 아주 유용한 도구가 있습니다. 여기 있는 이 도표가 바로 그 도구입니다.

사업자금이라는 망망대해에서 자신에게 딱 맞는 조달 방법이라는 목적지를 찾는 데 안내 역할을 하는 일종의 항해지도이자 나침반인 셈입니다."

강사가 내민 도표를 본 정 사장은 잠시 어리둥절했다. 자금조달이라는 어려운 퍼즐을 푸는 대단한 열쇠라도 되는 줄 알았는데 강사가 제시한 것은 간단한 〈표〉 한 장이었으니까.

'저 몇 줄짜리 표가 망망대해에서 목적지를 찾는 항해지도요 나침반이라고? 과장이 너무 심한 거 아냐?'

⟨자금조달 방법표⟩ 활용하기

정 사장의 마음 한 곳에서 실망감이 살며시 고개를 쳐들었다.

"다들 실망하시는 것 같군요. 책에 나오는 거고 한번씩은 다들 보았던 도표니까 실망하는 것이 이해가 됩니다. 그렇지만 이 평범한 도표가 많은 의미를 내포하고 있습니다. 활용법을 알면 자금조달에 아주 유용한 안내자가 될 수 있다는 말씀입니다.

가장 귀중한 진리는 지극히 평범한 곳에 있다고 하잖습니까? 아무도 모르는 자금조달 비법 같은 것을 제 강의에서 전수받을 거라고 기대하셨다면 그런 꿈은 빨리 깨셔야겠습니다. 그런 비법 같은 건 애당초 존재하지 않으니까요."

| 카드 1 | **자금조달 방법표**

내부금융		이익잉여금, 자본잉여금, 감가상각비
외 부 금 융	직접금융	① 주식 발행 ② 회사채 발행 ③ 주식연계증권 발행
	간접금융	④ 은행 대출 ⑤ 비은행금융기관 대출
	정책금융	⑥ 정부 지원금 ⑦ 정책 자금 ⑧ 신용 보증
	국제금융	⑨ 주식 발행 ⑩ 회사채/주식연계증권 발행

'말은 잘 하는군. 어쨌든 들어보기나 하지.'

정 사장의 마음을 아는지 모르는지 강사의 목소리가 이어진다.

"이 도표가 어떻게 나침반 역할을 하느냐? 그 말씀을 먼저 드리겠습니다. 우리 회사에 맞는 자금조달 방법을 찾기 위해서는 제일 먼저 어떤 자금조달 방법이 있는지를 알아야 하겠죠? 이 표에는 기업이 자금조달할 수 있는 모든 방법이 들어 있습니다.

여러분이 아는 조달 방법 중 이 표에 빠진 게 있나요?

없습니다. 아주 특수한 경우를 제외하고는 이 표에 다 들어 있어요. 이 표에 내부금융을 빼고 열 가지의 기업금융 방법이 나와 있는데 이 중 어느 한 가지 방법으로 자금을 조달하는 겁니다. 중소기업이든 벤처기업이든 대기업이든 이 열 가지 방법 중 어느 하나로 하는 거예요. 대기업이라면 열 개의 방법들을 거의 다 활용할 수 있을 것이고, 창업벤처라면 한두 가지만 가능할 겁니다."

강사는 잠시 호흡을 가다듬고 설명을 계속한다.

"그러면 열 가지 방법 중 우리 회사가 활용할 수 있는 방법이 무엇인지를 어떻게 알 수 있느냐? 이게 오늘 강의의 핵심이라고 할 수 있습니다.

여기 〈자금조달 방법표〉에 나오는 열 가지 방법들을 ①번부터 ⑩번까지 하나씩 따져서 우리 회사가 활용할 수 있는 방법인지 아닌지 판단하는 겁니다.

만약 여기 나오는 방법 모두 우리 회사가 이용할 수 없다고 판단되면 자금조달을 포기해야 할 겁니다. 왜냐면 이 표에 나오는 방법 말고는 다른 방법이 없으니까요. 사업가 자신이나 지인들의 돈을 투자하는 것 말고는."

여기까지는 모두 맞는 말이다. 그리고 특별히 이해하기 어려운 내용도 없다. 참석자들은 강사의 다음 설명이 계속되기를 기다리는 듯 말없이 강사를 주시한다.

"지금부터가 중요합니다. 열 가지 방법들이 우리 회사가 활용할 수 있는 방법인지 아닌지를 어떻게 판단하느냐? 그 판단 방법을 말씀드리겠습니다.

첫 단계로 각각의 방법들에서 자금공여자가 누구인가 따져 보는 겁니다. 자금조달 방법마다 투자가 혹은 자금공여자가 다 다릅니다. 돈을 주는 사람이 누구냐? 그 결정을 하는 사람이 누구냐? 이것을 아는 것이 첫 단계입니다."

기업금융의 제1법칙 : 자금공여자가 누구인지 파악하라

다들 중요한 비법을 전수받는 사람들처럼 조용하다. 약간은 긴장된 분위기마저 느껴진다. 강사의 목소리에 힘이 더해진다.

"열 가지 방법 중 맨 위에 있는 직접금융 방법의 주식 발행을 예로 들어 볼까요? 주식 발행으로 자금조달을 하는 경우 우리 회사가 발행할 주식에 투자할 투자가가 누구인지 아는 것이 첫 단계입니다. 주식투자야 누구나 다 하지만 벤처기업 주식에 투자하는 투자가는 한정되어 있지요. 그들이 누구인지 파악하는 것이 자금조달 방법 찾기의 첫 단계라는 말씀입니다.

그 다음에 있는 회사채 발행을 통한 자금조달의 경우에도 회사채 투자가가 누구인가를 파악하는 것이 가장 먼저 해야 할 일이고요. 다른 방법들도 마찬가지로 자금공여자 혹은 투자가가 누구인지 파악하는 것, 이것이 〈자금조달 방법 찾기〉의 첫 단계입니다."

여기저기서 이해를 했다는 표시로 고개를 끄덕인다.

잠시 뜸을 들인 후 강사의 설명이 계속된다.

"다음 단계가 더 중요한데요. 자금공여자가 누구인지 알았으면 그들이 어떤 기준으로 의사결정을 하는지를 알아야 합니다."

"의사결정 기준이라면 심사기준을 말하나요?"

"그렇습니다. 은행의 경우는 심사기준이 되는 거죠. 회사채 투자가라면 투자결정 기준이 되겠죠. 달리 표현하면 대출을 할지 안 할지 판단 기준, 회사채에 투자를 할지 안 할지의 판단 기준을 말합니다."

정 사장은 답답하기만 했던 마음에 한 줄기 빛이 비추는 것을 느긴다. 마치 얽혀 있던 실타래의 한쪽 끝을 찾은 듯한 느낌이랄까. 이런 식으로 따져 들어가면 어디서부터 시작해야 할지 그저 수수께끼만 같았던 문제 해결의 실마리를 찾을 수 있을 것 같다.

기업금융의 제2법칙 :
자금공여 결정기준이 무엇인지 파악하라

조달 방법을 찾기 위해 〈자금조달 방법표〉를 놓고 거기 나오는 방법들을 하나씩 검토한다. 검토하는 방법은 첫째 자금공여자가 누구인지 파악한다. 돈을 줄 사람을 알아야 찾아가서 상담이나 신청을 하든지 할 테니까 당연한 거고. 그리고 다음으로 돈 가진 사람이 투자할지 안 할지 판단하는 기준이 무엇인지를 알아라. 그러면 우리 회사가 그 사람으로부터 자금을 받을 수 있는지 아니면 불가능한지를 알게 되겠구나.

'가만, 의사결정 기준을 어떻게 알지? 그게 제일 어려운 문제겠는데….'

강사의 말이 이어지면서 생각의 흐름이 멈춘다.

"이 두 가지를 알았으면 다 된 겁니다. 이 표의 방법들 중 어떤 방법을 우리 회사가 활용할 수 있는지 알 수 있는 거죠."

"방법을 알았어도 실제로 활용하기란 말처럼 쉬운 건 아니죠. 확실하게 이해하기 위해서 회사채의 예를 다시 들어 보겠습니다.

우리 회사가 회사채 발행을 통해 자금조달을 할 수 있는지 판단해 보도록 하겠습니다. 판단의 1단계가 뭐였죠?"

"자금공여자가 누군지 파악하는 겁니다."

여러 명의 목소리가 합창하듯 들린다.

"빙고! 한 분도 졸지 않고 열심히 듣고 계시군요. 그럼 누가 회사채에 투자하나요?"

"은행에서 회사채 투자하지 않나요?"

누군가 대답한다.

"보험사에서도 장기투자 목적으로 회사채에 투자한다던데."

또 다른 목소리가 이어진다.

"개인들도 회사채 투자하는 사람이 있는 것 같은데."

한번 말문이 트이자 여기저기서 대답이 나온다. 늦은 저녁 강의답지 않게 활기가 느껴진다.

"모두 맞습니다. 회사채는 대부분 은행이나 보험사, 투자신탁회사, 연기금 같은 기관투자가들이 삽니다. 개인들이 회사채에 직접 투자하는 경우가 있긴 하지만 아주 드물죠. 개인들은 투자신탁이나 자산운용사에 돈을 맡겨서 간접투자를 합니다. 투신사의 공사채형 수익증권이 바로 그겁니다. 채권형 펀드도 있고요"

'맞아. 투자가는 개인이지만 개인은 돈만 대고 투자결정은 투신사가 하는 거니까 기업에 대한 자금공여자는 투자신탁회사나 펀드

운용회사라고 볼 수 있겠구나.'

정 사장은 고개를 끄덕인다.

'회사채 발행'을 통한 자금조달이 가능할까?

강사의 설명이 이어진다.

"한마디로 말하면 회사채를 통한 자금조달에서 자금공여자는 기관투자가라고 할 수 있습니다. 자금공여자가 누구인지 알았으니까 다음 단계로 넘어갈까요? 다음 2단계는 뭐였죠?"

"의사결정 기준이요."

아까보다 더 크게 합창하는 목소리가 강의 집중도를 말해주는 것 같다. 강사는 이에 고무되었는지 목소리에 힘이 더해진다.

"좋아요. 그럼 좀 어려운 질문 나갑니다. 기관투자가의 의사결정 기준은 뭘까요? 회사채 투자할 때 어떤 기준으로 투자 판단을 하나요?"

이번에는 서로 얼굴만 볼 뿐 대답이 쉽게 나오지 않는다. 몇 초가 흘렀을까. 자신 없는 목소리로 대답하는 소리가 들린다.

"회사 규모가 어느 정도인지 보고 투자 판단을 하지 않을까요?"

"규모보다는 수익성을 보고 투자할 것 같은데…."

"상장회사가 발행한 거 아니면 투자하지 않는다던데…."

"다 맞는 말이긴 한데, 정답은 아니네요. 우리나라 기관투자가들은 회사채에 투자할 때 신용평가 등급을 기준으로 판단합니다. 신용평가회사가 네 곳 있는데 그들이 평가한 결과가 BBB 등급 이상이어야 투자적격으로 판정해서 투자합니다. 그 이하 신용평가 등급은 투기 등급, 미국식으로는 정크본드라는 겁니다."

"그러면 아무리 작은 회사라도 신용평가 등급이 BBB만 넘으면 회사채를 발행해서 자금조달이 가능한가요?"

"예. 맞습니다. 그런데 문제는 신용평가 등급 BBB를 받기가 상당히 어렵습니다. 회사 규모가 상당해야 하고, 부채비율 등 재무 안정성도 좋고, 수익성도 여러 해 높은 수준을 유지해야 받을 수 있는 등급입니다. 코스닥 상장기업도 997개 중 BBB 이상인 기업이 9%밖에 되지 않습니다."

"우리 회사도 사전 검토했는데 BB밖에 안 된다고 해서 그만뒀지."

옆자리 있는 친구가 작은 소리로 말한다.

"이제 회사채 발행을 통한 자금조달 방법에 대한 검토가 끝났습니다. 검토한 결론은 뭐죠?

결론은 벤처기업이나 중소기업은 회사채 발행을 통해서 자금을 조달할 수 없다. 신용평가 등급이 BBB가 나올 수 없기 때문에 안된다. 이게 결론입니다. 괜히 회사채 발행으로 사업자금 조달하는 방법이 없을까 하고 여기저기 알아보고 다녀봤자 시간 낭비라는 겁니다. 조달 방법을 검토할 때 회사채는 지우고 다른 방법을 찾는 게 빠르다 이게 결론입니다."

지금까지 강사의 설명을 따라 머리 속으로 진행했던 검토가 불가능으로 결론이 내려져 아쉬움은 있지만 이제 뭔가 실마리가 풀려나가는 것 같다.

'다른 방법들도 많으니까 동일한 과정으로 검토한다면 우리 회사에 맞는 방법을 찾을 수 있을 거야. 전에는 그냥 평범한 도표로밖에 보이지 않았는데 해석 방법을 알고 나니 유용한 도구가 되는구나.'

정 사장은 머리 속이 한결 가벼워지고 어깨의 긴장도 풀리는 것을 느낀다.

"미국은 정크본드 시장이 발달했기 때문에 금리를 높게 발행하면 회사채 투자가를 찾을 수 있는데 우리는 아직 그 시장이 형성되지 않았습니다. 그때까지는 검토 대상에서 회사채는 지우라고 말씀드립니다. 그럼 다른 조달 방법에 대해 동일한 방법으로 검토해 볼까요?"

강의는 그렇게 계속되었다. 주식 발행에 의한 방법부터 정부 정책자금, 국제금융시장에서의 조달 등에 대해 하나하나 풀어갔다.

Corporate Finance

최적의 금융 방법을 찾아서

10분 간의 휴식 시간이 있은 후 강의가 계속되었다. 잠깐의 휴식이었지만 다들 생기가 돈다.

"앞 시간에는 〈자금조달 방법표〉의 활용법을 설명하였습니다. 그 활용 방법에 대해 잠깐 복습을 하면 이렇습니다.

가장 먼저 이 표를 앞에 펼쳐 놓는다. 그런 다음 이 표의 열 가지 방법에 대해 자금공여자가 누구인지 파악한다. 그리고 자금공여자의 의사결정 기준이 무엇인지 파악한다.

그러면 우리 회사가 사용할 수 있는 자금조달 방법이 어떤 것인지 알 수 있습니다. 물론 제가 설명한 것은 기본적인 사항들이니까

불황에서 살아남는 금융의 기술

실제 상황에 부딪치면 여러 응용기법이 필요할 겁니다. 그것은 여러분의 몫으로 남겨 두겠습니다.

그러면 다 됐나요? 부족한 점은 없나요?"

"조달 가능한 방법이 여러 가지일 경우는 그 중에서 어느 방법을 선택할지를 어떻게 결정하나요?"

옆자리의 친구가 질문을 한다. 자기 회사는 상장기업이므로 다양한 방법으로 자금조달이 가능한데 어떤 방법이 최선인지를 판단하기가 어렵다는 말을 정 사장에게도 한 적이 있다.

"아주 좋은 질문입니다. 이번 시간의 주제가 바로 그 질문에 대한 대답입니다. 우리 회사가 〈자금조달 방법표〉에 나오는 방법 중 두 가지 이상을 활용할 수 있는 경우 어느 방법을 선택해야 하는가에 대한 겁니다.

활용할 방법이 한 가지밖에 없는 기업은 그 방법으로 자금조달을 할 것인지 아니면 포기할 것인지를 결정하면 되겠죠. 그런데 두 가지 이상의 방법이 가능하다면 그 방법들을 비교하여 가장 유리한 방법을 선택해야 할 겁니다.

어떻게 비교해야 할까요? 즉 서로 다른 조달 방법들을 비교하는 기준은 무엇일까요?"

질문이 다시 강의 참석자들에게 돌아왔다. 다들 생각에 골몰한다.

"금리가 가장 낮은 방법을 선택해야 하지 않을까요?"

누군가 대답을 한다.

"투자 받을 때는 투자배수가 중요한 선택 기준입니다."

또 다른 목소리가 이어진다.

최적의 융자 방법은?

"대출이나 융자를 비교하는 경우라면 당연히 금리를 비교해서 결정해야겠지요. 예를 들어 볼까요? 은행대출 금리가 7%이고, 중소기업청의 정책자금 금리가 5.5%라면 어느 쪽을 택하겠어요?

당연히 금리가 낮은 정책자금을 택해야겠지요. 그래서 정책자금이 유리하다고 이야기하는 겁니다. 그런데 같은 정책자금의 경우에도 만기에 따라 금리가 달라집니다. 예를 들어 1년 만기 정책자금 융자가 4.65%이고 4년 만기 정책자금 융자가 5.65%라면 어느 쪽을 택하겠어요?"

"금리가 더 싼 쪽을 택해야 하지 않을까요?"

누군가의 대답에 이어 곧 바로 반론이 제기된다.

"둘 다 은행대출보다 싸니까 만기가 긴 쪽이 나을 것 같은데. 4년간 상환에 신경 쓰지 않아도 되니까 사업에만 전념할 수 있어서 큰도움이 될 거야."

둘 중 어느 쪽이 맞는가에 대해 서로들 의견이 분분하다.

"정답을 말씀드리면, 정답은 없다는 겁니다. 왜냐? 회사의 사업

불황에서 살아남는 금융의 기술

계획과 현금흐름, 향후 금융시장 동향 등 기업의 대내외 여건에 따라 어느 쪽을 선택해야 할지가 달라지니까요.

이 자금의 용도가 시설구입처럼 투자에 대한 회수가 오래 걸린다면 4년 만기가 더 적절한 선택입니다. 1년 후 만기가 도래했을 때 금융상황이 악화되거나 회사의 재무상태가 나빠지면 만기 연장이나 재대출이 어려워질 수도 있습니다. 그런 리스크를 피하기 위해서는 가급적 장기자금으로 조달하는 것이 바람직합니다.

운전자금처럼 회수가 단기간에 이루어지는 경우에도 금리가 낮은 단기자금이 반드시 유리하다고는 할 수 없습니다. 금리가 상승추세라면 만기가 긴 쪽이 유리할 수도 있으니까요.

또 한 가지 고려해야 할 사항은 정부의 중소기업 정책입니다. 정책자금이 향후 1~2년 내에 없어지거나 정책자금의 금리를 시장금리 수준으로 조정한다면 지금 시점에서 만기가 긴 쪽을 택해야 되겠지요. 같은 융자라 해도 이처럼 고려해야 할 사항이 많습니다.

정책자금의 예를 하나 더 들어 보겠습니다. 정책자금 중에 보증기관을 활용하는 방법이 있습니다. 보증서를 발급받아 은행에 가지고 가면 담보 없이도 대출을 해 줍니다. 그 대신 보증료를 부담해야 하죠.

예를 들어 보증서를 발급받아 대출을 받으면 대출금리가 6.5%이고 보증료는 1.5%인데, 공장을 담보로 담보대출을 받으면 7.5%인 경우, 어느 쪽을 선택하시겠어요?

보증대출은 보증료를 포함하여 8%인데 담보대출은 7.5%니까 담보대출을 받는 것이 금리 부담은 적습니다. 그러나 기업을 하다 보면 자금이 계속 필요합니다. 담보를 가지고 있으면 언제라도 대출이 가능한데 보증은 향후 상황 변화에 따라 달라질 수도 있습니다.

가령 올해 실적이 나빠질 것이 확실시되면 내년 보증기관의 보증 심사에 통과가 안 될 수도 있을 겁니다. 그렇다면 일단 보증서를 발급받아 보증대출을 받은 뒤 추가로 자금이 필요할 경우를 대비하여 담보 여유를 남겨둘 수도 있습니다.

이처럼 금리도 중요하지만 더 중요한 것은 우리 회사의 사업계획과 자금조달 여건을 종합하여 판단하는 것입니다."

잠시 말을 멈추고 강의실을 둘러본 강사가 결론을 말한다.

"결론적으로 자금조달 방법의 결정은 상황에 따라 여러 가지 요소를 고려하여 판단해야 한다는 것입니다.

정책자금은 은행대출에 비해 금리와 만기 등 유리한 점이 많습니다. 정책자금 활용에 대해서는 다음 기회에 더 자세히 말씀 드리겠습니다."

정 사장은 열심히 받아 적고 있다. 정책자금은 정 사장이 생각하고 있는 1순위 조달 방법이니까 한마디도 놓치지 않으려고 손놀림이 바쁘다. 그런데 다음 기회라니. 언제를 말하는 것인지? 필요하면 강사를 별도로 방문하여 상담을 해야겠다는 생각까지 메모를 해둔다.

최적의 투자유치 방법은?

"투자의 경우는 어떤 기준으로 판단해야 하나요?"

정 사장 역시 궁금해하던 사항이었는데 누군가가 대신 질문을 한다.

"융자가 아니고 투자를 받는 경우에는 아까 어느 분이 대답했던 것처럼 배수가 중요합니다. 투자배수란 융자에서의 금리처럼 기업의 조달비용을 나타내는 수치입니다. 그런데 투자배수가 높으면 조달비용이 싸고 낮으면 비싸다는 식으로 단순히 계산하는 것은 잘못입니다. 투자배수에 대해서도 다음에 이야기할 기회가 있을 테니까 그때 자세히 논의하도록 하겠습니다.

투자에 대한 결정은 융자나 대출보다 훨씬 더 복잡합니다. 고려해야 할 변수가 훨씬 더 많은 거지요. 투자배수는 물론이고 투자가가 누군지, 발행할 주식이 보통주인지 아니면 우선주나 변형된 주식인지도 중요한 고려사항입니다. 그리고 무엇보다 중요한 것은 투자계약서의 내용입니다. 투자가는 자신의 권리를 보호하기 위해 여러 가지 조항을 포함시키는데 이것이 경영을 하는 데 상당한 제약이 되기도 합니다.

중요한 사항을 간추려 설명 드리겠습니다."

정 사장이 열심히 받아 적은 중요한 사항은 이렇다.

투자배수 산정을 잘하는 것이 중요하다.

투자배수 산정 기법은 제4장 투자유치의 기술에서 자세히 설명한다.

발행하는 주식의 형태에 따라 투자배수 산정이 달라진다.

우선주나 상환전환우선주, 매수청구권이 부여된 우선주 등 다양한 형태의 주식의 장단점을 정확히 알아야 한다.

투자가가 누구인지 그리고 자금 외에 다른 도움을 받을 수 있는지도 중요한 고려사항이다.

기술개발과 판로확보에 도움을 줄 수 있는 네트워크가 있는지, 추가 자금이 필요할 때 2차 펀딩을 주선할 역량이 있는지 등을 고려하여 투자가를 결정해야 한다.

기타 투자조건에 따라 투자배수 산정이 달라진다.

투자가의 경영참여 정도, 사외이사 임명권, 중요한 의사결정에 대한 투자가와의 사전협의 범위 등 투자계약서에 명기되는 투자조건이 중요하다. 이에 따라 향후 사업추진에 제약을 받을 수도 있기 때문이다.

위의 네 가지 조건을 종합적으로 고려하여 조달 방법을 결정해야 한다. 투자배수가 높기만 하면 다른 조건은 따지지 않고 결정하는 것도 바람직하지 않고, 다른 조건을 고수하기 위해 투자배수를 무조건 희생하는 것도 현명하지 않다.

사업계획과 자금계획, 향후 사업전망과 자금수지, 미래의 자금조달 여건 등을 고려하여 결정해야 하는 점은 융자의 경우와 같다.

강사가 특히 강조한 다음 문장에는 밑줄을 그었다.

"조달 방법을 비교할 때 항상 명심해야 할 점은 우리 회사의 사업전망을 보수적으로 추정하여 결정하라는 점입니다. 가령 올해 사업실적이 상당히 좋을 것이라는 가정 하에 조달 방법을 결정했는데 그렇지 못한 경우 큰 낭패를 겪는 기업들을 많이 보았습니다."

그리고 융자와 투자 중 어느 쪽을 선택할지의 비교 기준에 대한 설명이 이어졌다.

"투자와 융자를 직접 비교하는 것은 어렵습니다. 각각 장단점이 있는데 기업의 사업계획에 적합한 방법을 선택해야 합니다. 여기에 대한 자세한 내용은 〈재무관리〉 교재를 참고하기로 하고 설명을 생략하겠습니다.

투자와 융자의 복합적 성격을 가진 것이 전환사채 또는 신주인수권부사채의 발행을 통한 자금조달입니다. 〈자금조달 방법표〉의 ③ 주식연계증권의 발행에 해당되는 거죠. 이 방법은 벤처기업의 자금조달에 자주 활용되고 있습니다. 정확한 이해가 필요한 부분이지만 복잡하고 이론적인 내용이 많습니다. 늦은 저녁시간이라 집중도가 떨어질 것 같아서 대략적인 사항만 설명드리겠습니다."

주식연계증권 발행에 의한 조달 방법을 간략히 요약하면 다음 표와 같다.

	전환사채	신주인수권부사채
발행할 주식	발행회사의 신주	좌 동
주식 발행가격	전환가격	행사가격
발행대금 납입	전환사채로 교환	현금 납입
사채와 권리의 분리	분리 불가능	분리 가능
투자자의 지위	사채권자 → 주주	사채권자 → 주주 + 사채권자
권리행사 후 자본구조 변화	부채 감소 자본금 증가	자본금 증가

전환사채와 신주인수권부사채를 통한 자금조달 방법에 대한 설명 중에서 정 사장의 기억에 남는 한 가지만 꼽으라면 바로 다음의 두 문장이다.

"이 방법들의 가장 큰 장점은 회사채 발행이나 투자유치가 어려운 기업들도 이 방법으로 자금조달이 가능하다는 점입니다. 왜냐면 회사채와 주식 발행에서 투자가에게 유리한 점만을 따온 조달 방법이니까요."

〈자금조달 방법 찾기〉 강의에 이제 슬슬 지루해지는 독자들이 생기는 것 같다. 정 사장 역시 그럴지도 모른다. 이론이란 항상 재미없고 또 실감이 나지 않아서 그것에 몰두하기가 쉽지 않은 것이니까.

불황에서 살아남는 금융의 기술

미리 밝혀 두지만 이 책은 하품 나는 딱딱한 이론들은 지양하고, 실제 자금조달에서 써먹을 수 있는 말랑말랑한 사례를 지향한다.

그래서 복잡한 이론은 〈재무관리〉 교재에 맡기도록 하겠다. 투자와 관련된 더 자세한 내용은 제4장에서 자세히 이야기하겠다. 내가 직접 투자유치를 성사시켰거나 옆에서 지켜본 실제 투자유치 사례에 대한 이야기들만 골라서.

그 대신 물에서 막 건져 올린 물고기처럼 싱싱한 사례 공부를 준비하였다. 이 사례 공부를 통해 앞에서 배운 법칙들이 실제 자금조달에 어떻게 적용되는지 간접 경험할 수 있을 것이다.

그리고 무엇보다 기업의 실적악화라는 내부요인과 금융시장 침체라는 외부요인에서 파생된 위기상황을 기업금융을 통해 어떻게 극복해갔는지를 주의깊게 살펴보기 바란다. 세계 대공황 이후 최대의 불황이라는 눈앞에 닥친 대내외 도전에 직면한 기업들에게 시사하는 바가 클 것이다.

Corporate Finance

금융을 잘해서 불황을
이겨낸 기업 이야기

　코스닥 상장기업의 CEO들을 보면 사업능력은 물론 금융능력도 탁월한 사람들이 많다. 코스닥 시장 상장팀장(1998.10~2001.3)으로 기업들의 상장 과정과 상장 이후의 자금조달을 지켜보면서 감탄사를 연발했던 적이 많다. 20여 년 간 금융의 모든 분야에서 다양한 경험과 이론 지식을 쌓았다고 자부하던 나 자신도 탄복할 정도였다. 그 중에서도 가장 강한 인상을 받았던 한 벤처기업의 기업금융 사례를 소개한다. 금융의 달인이라 부르기에 한 치의 부족함도 없다는 데 여러분도 곧 동의하게 될 것이다.

　이 기업의 창업 첫 4년 간의 자금조달 내역을 간추려 보여주는 것으로 이야기를 시작한다.

일 자	조달 금액	조달 방법
1997. 9	2억원	설립 자본금
1999. 3	4억원	주주 배정 유상증자
1999. 7	25억원	벤처캐피탈 투자유치
2000. 9	224억원	코스닥 상장 공모
2001. 4	104억원	해외신주인수권부사채 발행
2001. 5	150억원	국내전환사채 발행
2001. 5	150억원	Primary CBO 발행
2001. 9	55억원	주주 배정 유상증자
합 계	**714억원**	

창업 직후 4년 간 714억원 조달

창업 후 4년 간 714억원을 조달하였다.

그 당시 벤처붐을 감안하더라도 뛰어난 금융실력이라 부를 만하다. 더욱이 이 기업은 인터넷 기업이 아니다. 전통 제조업에 더 가깝다. 그리고 차츰 알게 되겠지만 탁월한 실적을 실현하고 나서 그 실적을 바탕으로 자금을 조달한 것이 아니다. 당시의 금융시장 여건을 최대한 활용하여 사업에 필요한 자금을 충분히 조달한 것이다. 중소기업이라면 배울 점이 많을 것이다.

714억원이라는 금액보다 더 놀라운 점은 자금조달 방법이다.

앞에서 배웠던 〈자금조달 방법표〉에 나오는 모든 방법을 활용하였다. 기업금융의 살아있는 교재요, 〈재무관리〉라는 두꺼운 교과서보다 더 유용한 교본이다.

앞 장의 〈자금조달 방법표〉를 빠짐없이 기억하고 있는 독자라면 이런 지적을 할지 모른다.

"뭐야, 빠진 게 있잖아. 간접금융이 빠졌는데."

맞는 지적이지만 틀린 말이다. 이 기업이 은행과 비은행 금융기관 대출을 전혀 안 썼을 리가 없다. 너무 많아서 생략한 것뿐이다. 2001년 한 해에만 간접금융으로 조달한 금액이 148억원이다.

조달 원천	기초잔액	순증감	기말잔액
은 행	38억원	148억원	186억원
비은행금융기관	3억원	–	3억원
금융기관 합계	41억원	148억원	189억원

이 기업의 자금조달에 대한 사례 공부를 하는 방법은 두 가지가 있다. 하나는 앞 장에서 배운 〈자금조달 방법표〉에 나오는 순서에 맞춰 공부하는 것이고, 다른 하나는 기업의 자금조달 순서에 따라

불황에서 살아남는 금융의 기술

공부하는 방법이다. 여기서는 독자들이 이해하기 편하도록 후자를 택하도록 한다.

상장하기 전 31억원 조달

여덟 번의 자금조달을 시기별로 구분하면 크게 셋으로 나뉜다.

상장(또는 기업공개) 이전의 31억원, 상장 시점의 224억원 그리고 상장 이후 1년 간 459억원이다.

상장 이전의 자금조달부터 보도록 하자. 모두 세 차례의 자금조달이 있었다. 처음에는 설립 자본금과 주주 배정 유상증자로 총 6억원을 조달하였다. 이것은 사업가 자신의 돈이므로 앞에서 배운 자금조달 방법이라 하기 어렵다.

최초의 자금조달은 벤처캐피탈로부터의 투자유치다. 창업 후 불과 1년 10개월 만이다. 규모도 25억원으로 제법 크다. 이에 대해 자세히 살펴 보자. 앞에서 배운 '자금조달 방법 찾기의 기술'을 복습할 좋은 기회이기도 하다.

가장 먼저 할 일은 〈자금조달 방법표〉를 꺼내 놓는 일이다. 그러고는 맨 윗줄의 주식 발행에 의한 자금조달 방법부터 검토한다. 검토하는 방법은 좀 전에 배웠으니까 잘 알고 있으리라 믿는다.

1단계부터 시작해 보자.

제1단계　　주식 발행의 투자가를 파악한다.

⇒ '대표적인 투자가는 벤처캐피탈'

제2단계　　벤처캐피탈의 투자결정 기준을 파악한다.

⇒ 가장 중요한 의사결정 기준은 '투자대상 기업이 향후 2년 이내에 코스닥 상장이 가능한가' 이다.

당시 코스닥 상장요건은 아주 간단하고 상장심사는 까다롭지 않았다. 코스닥 시장의 활성화가 막 시작되던 1999년에는 기업이 어느 정도의 모양만 갖추면 상장심사를 통과하였다. 더구나 벤처기업에는 이 어느 정도의 상장요건마저도 완화되어 적용되었으므로 그야말로 코스닥에 들어가는 문이 고속도로만큼 넓었다고 해도 과장이 아니다. 불과 1년 후와 비교할 때 그랬다는 말이다. 시간이 흐르면서 코스닥에 대한 투자자들의 관심이 커지고 거래가 증가함에 따라 투자자 보호를 위해 코스닥 상장심사가 엄격해지기 시작한 것은 2000년 하반기부터였다.

그러므로 벤처캐피탈의 투자결정 기준인 '코스닥 상장 가능성'을 충족하기 위해서는 사업내용의 충실화보다 신속하게 코스닥 상장신청을 하는 것이 더 중요했다. 1999년 무렵의 상황이 그랬었다는 이야기다. 그리고 이런 상황이 지속된 건 불과 1년 정도였다.

　　　　　　　　　　　　불황에서 살아남는 금융의 기술

투자유치의 비용과 조건을 파악한다.

⇒ 투자유치의 비용은 바로 투자배수로 표현된다. ─여기에 대해서는 제4장 투자유치의 기술에서 자세히 이야기하기로 한다─ 투자배수 외에도 따져보아야 할 조건들이 많다. 그러나 투자조건이 맞지 않는다고 해서 투자를 포기하거나, 조건 협상으로 시간을 끄는 것은 바람직하지 않다. 왜냐하면 바로 앞에서 이야기했듯이 당시의 코스닥 상장을 위해서는 신속한 투자유치, 신속한 사업추진, 그리고 신속한 상장신청이 중요했기 때문이다.

벤처캐피탈 투자의 발행가는 주당 50,000원이었다. 액면가가 5,000원이었으므로 투자배수는 10배다. 뒤에서 배우겠지만 투자유치에서 투자배수보다 기업가치가 더 중요한데, 이 기업의 기업가치를 85억원으로 산정한 결과였다(기업가치 산정은 다소 복잡한 내용이므로 제4장에서 다루기로 한다). 설립 2년이 채 안 되고 경상이익이 막 발생하기 시작한 기업이 이 정도의 기업가치를 인정받은 것은 나쁘지 않다. 더욱이 이 자금을 토대로 코스닥 상장까지 성공할 수 있었으니 더 그렇다.

코스닥 상장을 위한 공모로 224억원 조달

1년 후 코스닥 상장이 성사되고 거액의 공모자금이 유입되었다.

코스닥 상장에 대해서는 별도로 심도 있는 논의의 장을 마련하도록 하겠다. 코스닥 상장요건과 상장을 위한 준비사항, 유의할 점 등에 대해서 할 이야기가 아주 많기 때문이다.

이 기업의 탁월한 기업금융 능력은 앞에서 언급한 바 있지만 특히 감탄사를 연발하게 되는 것은 코스닥 상장이다. 무엇보다 코스닥 상장 시점이 환상적이다. 절묘한 타이밍의 기업공개 그리고 상장. 그야말로 예술이라고 불러도 무방할 정도의 타이밍이다. 금융의 기술을 넘어선 금융의 예술이랄까? 이렇게 절묘한 타이밍에서 절묘한 금융을 실행하는 사업가들을 나는 많이 보았다. 이 기업이 그 중 하나다.

왜 그런지에 대해 이 기업의 실적을 보면서 이야기하겠다.

(단위 : 억원)

	1997년	1998년	1999년	2000년	2001년
매출액	0	33	96	276	56
영업이익	−1	−2	7	45	−87
경상이익	−1	0.3	4	42	−128

1999년 7월 벤처캐피탈의 투자 시점에는 그 해 매출과 영업이익

불황에서 살아남는 금융의 기술

이 어느 정도 가시화되었고 벤처캐피탈은 이 실적을 토대로 코스닥 상장 가능성을 파악하였을 것이다. 그리고 이 기업은 25억원의 자금을 지렛대로 사업을 공격적으로 확대하였다. 이듬해 매출은 276원억으로 연간 성장률 300%라는 놀라운 실적이다.

상장 시점의 절묘한 선택

상장 시점이 왜 절묘한지 보도록 하자. 이 기업이 상장심사를 신청한 것은 2000년 3월30일이고 심사 결과 승인결정이 이루어진 것은 7월12일이다.

상장심사를 신청한 시점에서 이 기업을 평가하면 어땠을까? 96억원 매출에 4억원 경상이익. 코스닥 상장을 위해서는 뭔가 부족하다. 더구나 그 전년도는 2억원의 영업손실이 발생하였고, 매출액 역시 33억원으로 상장기업이 되기에는 자격미달 수준이다. 설립된 지 불과 2년 6개월밖에 안 된 기업이라 사업의 안정성과 지속성도 아직 검증이 끝났다고 볼 수 없다. 당시의 완화된 심사기준에 비추어 봐도 상장이 이루어지기에는 많이 부족하다.

그런데 당시는 코스닥 시장의 활황으로 상장신청이 쇄도하였고, 상장심사는 지연되었다. 심사가 순연되었으므로 심사 담당자는 이 기업의 2000년 상반기 실적을 지켜볼 수 있었다.

이 기업의 2000년 상반기 실적은 95억원 매출에 7억원의 경상이익. 이 정도면 상장기준에 부합하는 수준까지 올라온 것이다. 그리하여 7월12일 상장심사가 승인되고 9월21일 공모청약, 10월10일 상장이 이루어지고 곧 바로 거래가 개시되었다.

'예술이라고 부를 정도의 절묘한 타이밍'이라는 극찬을 이해하지 못하겠다는 독자들을 위해 이야기를 좀더 하겠다.

'만약 이 기업이 1년 후인 2001년 상장심사를 신청하였다면…' 이라는 가정법을 사용해 보자.

당시 상장팀장이었던 내가 만난 CEO들 중 상당수가 이런 말을 했다.

"기업실적이 아직 만족할 수준이 아니라 코스닥 상장을 준비하지 않고 있다. 내년에는 이익이 두 배 증가할 것으로 예상되니까 그 이후에 상장준비를 시작하겠다."

"1~2년 후면 매출과 이익이 크게 늘어날 테니까 그때 기업공개를 해서 제값을 받겠다."

완벽한 실적을 갖추고 나서 상장을 준비하겠다는 것이다. 이 기업 CEO가 그런 생각을 가지고 있었다면 결과는 어땠을까? 2000년 충분한 매출과 이익을 시현하고 나서 2001년 상장신청을 하였다면….

심사 결과는 부정적이었을 것이다.

왜냐고? 2000년 실적이 276억원 매출에 42억원의 경상이익이면 어디 내놓아도 부족하지 않을 정도인데 상장이 왜 어렵다고 하는지 이해가 안 된다고?

상장심사를 하는 2001년 상반기 실적이 매출 40억원에 영업손실 12억원이었다. 이제야 무릎을 탁 치는 소리가 들리는 것 같다. 그렇다. 상장심사를 할 때 당해년도의 실적전망을 함께 검토하는데 영업손실 12억원은 상장승인과 거리가 한참 먼 실적이다.

요약하면 이 기업의 상장이 가능하였던 시점은 2000년 하반기뿐이었다. 유일하게 상장이 가능했던 타이밍에 상장신청을 하였고 상장에 성공한 것이다. 이처럼 환상적인 타이밍과 절묘한 자금조달 기법을 구사하는 기업인들을 이 기업 말고도 나는 많이 보았다. 금융의 달인이라 불리기에 전혀 손색이 없다.

금융시장 여건을 정확히 파악하고 우리 회사에 맞는 최적의 금융방법을 찾아내어 실행하는 것. 이것이 바로 기업금융의 기술 중에서도 가장 핵심이다.

코스닥 상장심사는 시간이 흐를수록 강화되었고 최소한 2년 이상의 검증된 실적을 요구하였다. 연간 실적 기준 경상이익 4억원, 다음해 반기 실적 기준 경상이익 7억원의 실적으로 상장승인을 받을 수 있었던 것은 2000년까지였다. 정부의 벤처육성을 위한 상장

요건의 완화라는 시대적 상황을 이 기업은 기막히게 활용하였던 것이다.

상장을 위한 공모에서의 공모가격은 140,000원(액면가 5,000원)이었다. 28배수다. 기업가치로 환산하면 1,064억원이다. 대단한 평가 결과다. 어떻게 이런 결과가 나올 수 있었는지에 대해서는 제4장에서 자세히 알아보기로 한다.

상장 이후 1년 간 459억원 조달

자금조달이 가장 화려한 시기는 상장 이후다.

짧은 기간 동안 가장 많은 금액을 조달하였다. 조달 방법은 더 화려하다. 4회의 자금조달에서 상장기업이 사용 가능한 모든 방법을 활용하였다는 표현이 적절할 것 같다. 더구나 기업실적이 바닥 모를 계곡으로 추락하는 상황이었기에 이 기업의 자금조달이 더욱 빛을 발한다.

2001년은 이 기업에게 최악의 해였다. 매출은 전년보다 80% 감소하고 경상손실은 무려 128억원이다. 손실금액보다 더 많은 돈이 들어오지 않으면 사업은 멈출 수밖에 없는 상황. 공모자금 224억원은 이미 투자되었고 현금은 말라가고 있었다. 게다가 코스닥 시장

불황에서 살아남는 금융의 기술

은 거품이 꺼지고 벤처기업들의 주가는 곤두박질치고 있었다.

이러한 내우외환, 사면초가의 상황에서 이 기업이 선택한 자금조달 방법이 무엇인지 알아보자. 독자들이라면 이런 상황에서 어떤 방법을 활용할 것인가? 또 그 조달방법을 어떻게 찾아갈 것인가?

〈자금조달 방법표〉를 꺼내 드는 사람이 보인다. 역시 모범생이다. 복습을 하면 할수록 배운 것을 더 빨리 내 것으로 만들 수 있으니까.

검토하기 쉬운 간접금융부터 보도록 하자. 공모자금으로 구입한 공장이 있으니까 이것을 담보로 은행대출이 가능하다. 간접금융으로 148억원을 조달한 것은 앞에서 보았다.

직접금융은 어떤가? 회사채 발행은 잊으라고 했다. 왜냐하면 신용평가사로부터 BBB 등급을 받을 수 없으니까.

주식 발행 역시 쉽지 않다. 기업실적이 바닥으로 추락하는데 주가가 온전할 리 없다. 게다가 코스닥 시장 상황마저 우호적이지 않다. 이 시점에서 주식 발행으로 자금조달을 한다면 대주주와 다른 주주의 지분율이 급격히 하락할 것이다.

다음은 주식연계증권의 발행이다. 전환사채나 신주인수권부사채는 주식과 채권의 발행조건 중 투자가에게 유리한 점만 골라서 섞어 놓은 조달 방법이다. 당연히 투자가들이 관심을 가질 만하다. 채권발행을 할 수 없는 낮은 신용등급의 기업이라도 주식연계증권은 발행이 가능하다. 기업은 주식 발행보다 높은 가격으로 발행할 수 있어 이익이다.

물론 주식연계증권의 발행은 상장기업이기 때문에 가능하다. 향후 이 기업의 실적이 호전되어 주가가 상승하면 시세차익을 얻을 수 있기에 신용등급이 낮은 위험을 무릅쓰고 기꺼이 투자하는 것이니까.

불황에서 살아남는 금융 기법

주식연계증권이 이 기업에 맞는 조달 방법인지 확인하기 위해 다시 우리의 법칙을 적용해 보자.

제1단계   주식연계증권의 투자가가 누구인가?

여기에만 투자하는 전문투자가 그룹이 있다. 대부분 사모펀드 형식으로 일종의 니치 마켓Niche Market 투자가라 할 수 있다. 이들은 채권투자가는 물론 주식투자가보다 더 공격적이다. 신용등급이 더 낮은 기업에도 투자를 하는 거니까. 그리고 국내보다는 유럽계 투자가 중에 이런 공격적인 성향의 투자가들이 많다. 이 기업이 해외 신주인수권부사채를 먼저 발행한 것도 그런 이유다.

이들 소수의 투자가를 어떻게 찾을 것인가? 이것은 증권사의 몫이다. 증권사 투자은행Investment Banking본부의 기업금융팀에 주식연계증권 발행을 주선하는 전문팀이 있다. 이들은 상장기업을 방문하여 주식연계증권의 발행을 권유한다. 이 기업 역시 이들의 권유를 받아 발행했을 것으로 짐작된다.

제2단계 **투자가의 투자결정 기준은 무엇인가?**

우선 상장기업이어야 한다. 실적 회복과 주가 상승에 따른 차익 실현이 가능해야 하기 때문이다. 이 시세차익을 목적으로 다소 과감한 리스크도 부담한다. 그래서 재무상황이 아주 취약하지 않으면 발행이 가능하다. 이 기업은 이 기준을 충족한다.

제3단계 **자금조달 조건을 파악하라.**

이 조달 방법은 조달비용과 조건이 표준화되어 있다. 조달비용인 표면금리, 만기수익률 그리고 전환가격(또는 행사가격)이 표준화되어 있고, 조달조건으로 조기상환청구권, 주가하락에 따른 전환가격 조정 등도 정해져 있다.

증권사의 전문팀이 기업을 방문할 때 'Terms and Conditions'라는 세 페이지 서류를 가져 가는데 여기에 조달비용과 조건이 요약되어 있다. 기업으로서는 이 표준화된 조건을 받아들여 자금을 조달할 것인지 아니면 포기할 것인지만 결정하면 된다.

이 기업은 자금조달 비용과 조건을 검토하고 당시 상황에서 최적의 조달조건이라는 판단을 내렸다. 그리고 해외신주인수권부사채와 국내전환사채를 발행하여 각각 104억원과 150억원을 조달하였다. 직접금융과 국제금융의 동시 활용이다.

다음 장부터 하나하나 설명해 나가겠지만 〈자금조달 방법표〉에 나오는 열 가지 조달 방법 중에서 가장 복잡하고 어려운 것이 주식연계증권 발행이고, 국제금융은 국내금융보다 더 어렵다. 그러므로 국제금융시장에서 주식연계증권 발행을 통한 자금조달은 곱배기로 어려울 수밖에 없다.

이 자금조달 방법에 대해 이야기하자면 너무 길어질 것이므로 본격적인 공부는 독자들의 자율학습에 맡기기로 하고, 이 기업의 금융활동에 대해 이야기를 계속한다.

2001년 5월의 Primary CBO 발행은 정책자금의 활용이다.

벤처거품이 꺼지자 많은 벤처기업이 자금부족으로 사업을 중단해야 했고 젊은 노동력이 일자리를 잃게 되었다. 이때 벤처산업의 연착륙을 위해 정부가 긴급히 내놓은 처방책이 Primary CBO였다. 기업은 전환사채를 발행하여 자금을 조달하고 기술신용보증기금이 여기에 지급보증을 함으로써 투자가능 등급의 신용도가 부여되었다.

지급보증으로 신용도가 상승하자 기관투자가의 투자대상이 되었다. 그 결과 투자가층이 확대되어 발행조건이 기존의 전환사채보다 유리해졌다. 이 기업은 Primary CBO 발행을 통해 바로 직전의 두 차례 주식연계증권 발행보다 유리한 조건으로 150억원을 조달하였다.

2001년 9월 유상증자 방식에 의한 55억원 조달은 직접금융이다. 상장기업의 가장 보편적인 자금조달 방법이므로 더 이상의 부연설명이 필요 없다. 투자가는 기존주주, 방법은 주주배정 유상증자.

상장 이후 1년 간 459억원의 자금조달에 대해 강조할 점이 있다. 이 기업이 상장기업이었기 때문에 열악한 금융환경 하에서 부실한 기업실적으로도 그 정도의 자금조달이 가능했다는 사실이다. Primary CBO라는 정책금융 역시 상장기업이 아니었다면 이보다 훨씬 적은 금액에 그쳤을 것이다.

그만큼 자금조달을 할 때 상장기업이냐 아니냐는 중요하다. 〈자금조달 방법표〉에 나오는 방법들을 활용하는 데도 선택 범위에서 큰 차이가 난다.

불황 이후의 기업 실적은?

이 기업의 자금조달 성공담을 끝내기 전에 독자들이 궁금해할 사항 하나를 미리 밝히겠다. 이 기업의 이듬해 실적이다. 2001년 한 해에만 간접금융에 의한 148억원의 조달을 포함하여 총 607억원이라는 어마어마한 금액을 조달하여 어디에 썼는지, 그리고 그 이후의 기업실적은 어땠는지 궁금해 하는 독자들이 많을 것 같아서다.

놀라지 마시라. 2002년 실적은 1,400억원 매출에 150억원의 경상이익. 깜짝 놀랄 실적의 원동력은 공격적인 투자였고, 그 밑천은 바로 2001년의 왕성한 자금조달이었다.

이것으로 중소기업의 자금조달 성공 스토리를 끝내려 하는데…… 아직도 궁금증이 남아 있는 독자들이 있는 것 같다.

"이 기업의 실적이 왜 이렇게 천당과 지옥을 오가는지 궁금해서 못 견디겠다"는 말이 들리는 듯하다. 역시 사업가다운 호기심이다. 하지만 그것은 이 책의 주제와는 다소 거리가 있다.

실적 분석을 위해서는 이 기업의 사업내용을 알아야 하고, 제품에 대한 기술력과 판매처 확보를 분석해야 하고, 주요제품의 시장전망을 해야 할 뿐더러 경쟁사에 대한 분석도 **빼놓을** 수 없다. 이것만 해도 상당한 지면을 나는 할애해야 하고 독자들은 더 귀한 시간을 투자해야 한다.

그래서 약간의 타협이 필요할 것 같다. 가장 적은 노력으로 독자들의 호기심을 만족시키는 정도로만 그치는 거다. 심도 있는 분석 대신에 이 기업의 변화무쌍한 실적의 근본 원인을 짐작할 수 있는 정도의 정보 제공.

여기에 딱 맞는 정보를 얻을 수 있는 곳이 있다. 바로 코스닥 상장을 위한 공모 시 금융감독원에 제출한 유가증권신고서다. 그 서류에서 투자가들이 유용한 정보를 얻을 수 있는 부분 중 하나가 '기타 투자자 보호를 위하여 필요한 사항'(또는 '투자위험요소')이다. 그 안에 영업위험과 관련된 항목이 총 15개 있는데, 2001년 실적과 관련이 있을 것으로 짐작되는 3개만을 간추렸다. 독자들의 궁금증 해소에 도움이 되길 기대한다.

제품수요에 의한 위험

리튬폴리머 전지의 경우 현재 국내 삼성전자가 세계 최초로 자사의 휴대폰 기본 모델로 채택을 해서 사용하고 있고, 그 수요가 점점 늘어나 조만간 리튬이온 전지를 대체할 것으로 예측하고 있으나, 삼성을 제외한 기타 국내외 휴대폰 제조업체에서 아직까지 리튬폴리머전지의 대량 수요가 발생하고 있지 않은 관계로 당사의 과다한 제조설비 투자나 생산으로 인해 공급이 수요를 초과할 가능성이 있으며, 이로 인해 수익구조의 변화가 큰 폭으로 나타날 가능성이 있습니다.

경쟁업체에 의한 위험

동사의 경쟁업체로는 일본의 소니, 마쯔시다, 삼성SDI, 한일베일런스 등이 있으며, 현재 시장 점유율에서는 당사가 앞서나가고 있는 것이 사실이나, 대기업의 자본력과 시장장악력의 특성상 당사의 앞선 기술력과 마케팅력이 시장경쟁력 확보의 절대적인 잣대가 될 수가 없습니다. 따라서 향후 리튬폴리머전지 시장에서 당사가 경쟁사에 비해 절대적인 우위를 유지할 수 있다고 확신할 수는 없습니다.

양산화 과정상 위험

2000년 5월 이후 리튬폴리머전지의 양산이 성공적으로 이루어져 매출이 진행되고 있으나 예상하지 못한 기술적인 요인의 발생 등으로 인하여 추가적인 증설 라인에서의 양산이 지연되거나 이루어지지 않을 경우, 혹은 이미 양산에 들어간 라인의 기술적인 문제가 발생할 경우 매출과 순이익이 당초의 추정에 못 미칠 가능성이 있습니다.

불황에서 살아남는 금융의 기술

CORPORATE FINANCE

제 · 2 · 장

정책금융 활용의 기술

연구원 2명
홧김에 창업하다

"그 사람들 너무 하는 거 아녜요? 우리가 2년 간 밤잠 못 자고 매달려서 개발에 성공했는데. 그리고, 자기들도 같이 테스트에 참가해서 성능 제대로 나오는 것까지도 확인했잖아요.

그래 놓고 이제 와서 일본 수입제품보다 성능이 떨어지네 어쩌네 하는 거는 도대체 무슨 심보인 거야?"

'연탄돼지구이'라는 간판의 10평 남짓한 실내에는 8개 정도의 둥그런 테이블이 놓여 있고, 그 중 반이 넘는 테이블 둘레에는 각각 두세 명, 또는 너댓 명의 사람들이 소주잔을 기울이고 있다.

구석 창가 쪽에 넥타이를 멘 30대 후반의 남자 둘이 소주 두 병째를 비우는 중이다. 그 중 젊어 보이는 쪽이 연신 불만을 쏟아내고 있고, 다른 쪽은 말을 아낀다. 그렇지만 그 불만에 동조하는 표정만은 역력하다.

정욱. 만 39세. 연세대 공대와 대학원을 졸업하고 한국생산기술연구원에서 12년째 근무 중.

나건. 지방대학교의 기계공학과를 졸업하고 카이스트에서 석사학위 취득. 한국생산기술연구원에서 정욱과 같은 팀에 근무 중. 나이는 36세.

욱과 건은 지난 2년 간 같은 프로젝트팀에서 일했다. 상장기업인 P사가 위탁한 산학공동개발과제 연구였다. LCD용 유리의 표면세정 장비를 개발하는 과제로 일본에서 수입하는 장비를 국산화하기 위한 기술개발이었다.

2년의 기간을 다 채우고서야 개발이 완성되었고, 파일로트 제품을 제작하여 성능시험까지 마친 다음 개발 프로젝트는 완결되었다. 결과는 물론 성공이었다.

그런데 몇 달 후 P사로부터 컴플레인이 제기되었다. 양산한 제품의 성능이 수입 제품보다 떨어진다는 것이었다. 이 상태로는 삼성이나 LG에 납품할 수 없다는 불만이 섞인 통지였다.

수 억을 들여 개발한 결과가 만족스럽지 못하다고 이의를 제기하는 것은 이해가 된다. 하지만 2년 간 밤샘을 밥 먹듯 하며 어렵게 개발한 기술에 결정적 결함이 있는 것처럼 임원에게 보고했다는 말을 듣고는 상당히 불쾌했다.

그날 오후 담당임원에게 불려가 P사의 불만 내용에 대해 간단한 해명을 하고는 6시가 되자마자 사무실을 뛰쳐나오듯 빠져 나온 것이다.

"우리가 개발한 기술은 문제없는데 자기들이 양산화하는 제조기술이 부족해서 제품의 성능이 안 나오는 거 아닌가요?"

욱과 건이 자주 가는 돼지구이 집에서 소주잔을 기울이면서 주고받는 말이다. 연구가 일찍 끝날 때면 가끔 소주 한 잔으로 야근의 피로를 털어내곤 하였다. 자연스레 학교 선후배 이상으로 가까운 사이가 되었다.

이번에도 역시 불만을 쏟아내는 쪽은 건이다. 욱은 말없이 소주잔만 기울이더니 드디어 내뱉듯 한마디를 던진다.

"우리가 양산기술까지 책임져야 되나?"

불만이 묻어나는 말투다.

"글쎄 말예요. 제조기술도 없는 것들이 기술개발을 왜 위탁한 거야? 아무리 좋은 기술도 제조기술이 뒷받침되지 않으면 무용지물이라는 거를 몰랐나?"

욱의 한마디에 힘을 얻은 건이 맞장구를 친다.

잠시 침묵이 흐른다. 소주 두 병도 다 비웠고 이제 일어날 시간이 되어가는데 건이 불쑥 말을 꺼낸다.

"양산기술도 책임지라면 못 할 것도 없죠. 개발비만 충분히 댄다면. 우리가 개발한 기술이니까 그걸 제조하는 기술도 남보다 나으면 나았지 못 하진 않을 테니까."

정말 맡기기만 하면 제조기술까지도 완성할 수 있을 것처럼 자신만만한 말투다.

"너는 전공이 기계공학이지? 정말 한번 맡겨 보라고 할까?"

"근데, P사가 별로 그럴 생각이 없는 것 같던데요. 우리 실력에 대해 의심을 하는 건지. 그 회사 연구소장이라는 친구 있잖아요. 개발 진행 중에도 자꾸 꼬투리만 잡았잖아요. 개발기간이 오래 걸린다느니. 계약기간 안에 완성하기 어려울 것 같다느니. 상당히 기분 나쁘게 굴었죠."

마치 P사의 연구소장이 모함이라도 해서 없는 결함을 만들어 내기라도 한 것이 아닐까 하는 의심마저 섞여있다.

"그 일은 그만 잊어 버리자."

연구원 2명 창업에 필 꽂히다

소주 두 병을 비우고 막 일어서려는데 건이 정색한 얼굴로 말을 꺼낸다. 조금 전까지와는 달리 가라앉은 목소리다.

　　　　　　　　　　불황에서 살아남는 금융의 기술

"형, LCD세정장비 개발 건 말예요. 우리가 한번 해볼래요? 개발하면서 일본 기술보다 훨씬 더 좋은 아이디어 발견했잖아요. 1년만 더 시간을 주면 한 단계 업그레이드된 기술을 개발할 수 있을 거라고 우리끼리 이야기했던 거 기억하죠?"

무슨 뚱딴지 같은 소리야. 소주 각 1병에 벌써 술이 취했나?

"아이디어는 있었지. 그러면 뭘 하냐고. P사에서 우리한테 더 이상 개발을 의뢰할 생각이 없다면서. 의욕은 좋지만 상황이 안 되면 포기해야지. 부업으로 할 수 있는 일도 아니고. 다른 상장회사에서 개발과제 의뢰한다고 요즘 협의 중인데 그 과제나 집중해야지. P사 같은 컴플레인 또 받지 않으려면."

욱의 냉소적인 말투에 건 역시 입을 다문다.

10초 정도의 침묵이 흘렀을까? 자못 진지한 표정으로 건이 다시 입을 연다.

"상황이야 만들면 되죠. 부업 아닌 전업으로 개발하는 상황.

형, 한번 해 볼래요? 창업 말야. 형도 술 한잔 하면서 가끔 이야기했잖아요. 괜찮은 아이템만 있으면 창업하고 싶다고. 나이 들어서까지 연구실에 밤 늦도록 틀어박혀 있기는 싫다고. LCD 세정장치 관련 신기술이면 괜찮은 아이템 아닌가요? LCD만이 아니라 PDP, LED로 평판디스플레이 시장은 계속 커가니까."

"얘가 지금 농담을 진담처럼 하네. 창업이 애들 장난이냐? 술 한잔 하니까 못 할 게 없어 보이나 봐. 얼른 일어서."

"형, 농담 아녜요. 나 사실 며칠 간 생각해 봤는데, 창업이 쉬운 건 절대 아니지만 너무 겁먹을 것도 없는 것 같아요. 형이 지금까지 개발한 기술만 몇 개야? 그걸로 다른 회사들이 벌어들인 돈만 해도 몇 천 억 되는 거 아닌가요? 한번 생각해 보자고요."

싱거운 소리 그만 하라고 하고 헤어졌지만 욱은 그날 밤 잠을 이루지 못했다.

사실 깊게 생각해 본 적은 없었다. 같이 근무하던 선배 몇 명이 2000년대 초 벤처붐이 한창일 때 창업을 했다. 처음에는 잘 나간다고 다들 부러워했는데 벤처붐이 꺼지자 사업이 어려워졌다는 소식이 들렸다.

창업, 창업, 창업……,

이 단어가 머리 속을 맴돌면서 잠은 오지 않았다.

다음날 점심 때도 건의 이야기는 전날의 후속편이었다. 진지하고 더 열정이 담긴 말투다. 어제 저녁에는 반짝 타올랐다 사그라지는 불꽃인 줄 알았는데, 이제 제법 모양을 갖춘 계획으로 자리잡아가는 중이다.

"기술만 뛰어나다고 사업이 다 성공하는 게 아니라는 건 안다. 판매가 더 중요하다. 제품이 팔리고 매출이 있어야 개발과 생산을 계속할 수 있으니까. 이 제품의 시장규모가 국내는 300억, 해외시장은 1,500억이다. P사가 조사한 자료에 나온 내용이므로 믿을 수 있는 수치다.

현재는 일본 제품이 세계시장을 장악하고 있는데 우리가 그 기술의 강·약점을 다 알고 있고, 또 그보다 나은 기술을 개발하여 성공한 경험이 있으니까 성공 가능성은 높다."

건의 설명을 들으며 마음 한 쪽에는 '한번 저질러 볼까?' 하는 욕심이 살며시 머리를 든다.

"문제는 자금이야, 자금!!"

그렇게 C&N Technology(씨엔텍주식회사, 앞으로 우리는 이 회사를 '씨엔텍'이라 부르기로 한다)를 설립한 지 1년이 되었다.

의욕만 앞세워 시작한 건 아니었다. 먼저 창업한 연구원 선배를 찾아가서 이야기를 듣고, 창업스쿨도 이수했다. 그리고 사업이 어려운 고비를 만날 때 도움을 청할 대학 동기들도 알아두었다.

창업 후 1년은 시행착오의 연속이었다. 그러니까 본격적인 사업을 위한 일종의 학습기간이었다고 둘은 서로를 위로하였다. 물론 수업료를 톡톡히 지불해야 했지만.

1년을 신제품 개발에 투자했지만 금방 손에 잡힐 듯하던 아이디어는 아직 실현되지 않았다. 제품이 나오지 않았으므로 당연히 매출실적이 없고, 현금흐름은 지출만 있을 뿐 수입은 없다.

연구원에서와 달리 각종 실험장비를 필요할 때마다 사용할 수 없어 여간 불편한 것이 아니었다. 실험할 때마다 지불하는 장비 사용료가 아까워서 여러 번 해야 할 것을 한 번에 몰아서 하곤 하였다. 당연히 개발이 계획보다 늦어질 수밖에 없었다.

더구나 연구에만 전념하기도 어려웠다. 본격적인 생산이나 외주 제작을 한 것도 아니고 판매를 위해 뛰어다니는 것도 아닌데 신경 쓸 일은 많았다. 욱과 건이 개발 외에 중요한 일을 분담하고 따로 관리직원을 두었지만, 경영자로서 신경을 써야 할 일은 계속 생겼다.

가장 중요한 문제는 자금이었다. 둘의 퇴직금을 모은 자본금 1억원은 1년이 되자 바닥이 났다. 사무실 비용을 줄이기 위해 경기도에 소재한 대학교의 창업보육센터에서 시작하였고, 연구직원 2명도 그 학교 대학원생을 고용하였지만 매달 경비만으로도 돈은 항상 부족하였다.

창업 1년을 결산하면 이렇다.

간단한 장비구입 등을 포함한 창업비, 매달 인건비, 실험 자재비와 운영경비 등 지출합계 1억원. 물론 인건비에 둘의 봉급은 들어 있지 않다.

수입 없음. 아직 제품화되지 않은 신기술이라는 무형의 자산이 유일한 자산항목이다.

지금부터 사업가로서 진짜 고민이 시작되나 보다. 둘은 바짝 긴장이 된다. 둘이 동업을 하는 형태지만 대표이사로서 욱은 더 큰 책임감과 부담감이 느껴진다.

가장 우선적으로 해결해야 하고 그리고 중요한 문제는 자금이다. 1년 간 더 연구에 전념할 수 있으려면 돈이 있어야 한다. 그런데 그 돈을 어떻게 마련해야 하나? 대표이사가 된 정 사장의 -이제부터는 '욱'보다는 정 사장이라는 호칭이 더 어울릴 것 같다- 머리 속에는 자금조달이 신기술 개발보다 더 중요하게 자리잡았다.

자금조달 방법을 배우기 위해 서점에서 〈재무관리〉 교재를 사서 밤새워 읽기도 하고, 상장 벤처기업의 재무담당이사인 친구에게 자문도 받고, 그리고 벤처기업협회에서 주관하는 〈중소기업의 효과적인 자금조달〉 강의도 들었다. 금융의 달인을 찾기 위해 정 사장이 들인 노력들이다.

그런 노력의 결과물이 〈자금조달 방법표〉라는 도표가 되어 지금 정 사장의 책상 위에 놓여 있다. 마치 망망대해에서 항로를 찾는 선장 앞에 놓여진 항해지도와 나침반처럼.

연구원 두 명이 창업하여 1년이 지난 벤처기업. 매출도 없고, 사업실적도 없고, 재무제표는 아무 볼 것이 없는 초기기업. 이 기업에 맞는 자금조달 방법을 찾는 퍼즐 맞추기 게임을 시작해야 한다. 사업의 운명을 건 게임을.

며칠 전 강사의 설명을 들을 때는 금방이라도 손에 잡힐 듯했는데, 막상 필요한 해결방안을 찾으려니 어떻게 시작해야 할지 막막하다. 제대로 그 방법을 활용하여 해답을 구할 수 있을 것인지 의구심이 앞선다. 아니 우리에게 딱 맞는 자금조달 방법이 있기나 한 것인지?

창업 1년 만에
자금이 바닥나다

정 사장은 강사에게서 받았던 〈자금조달 방법표〉 카드를 뚫어지게 응시한다. 열 가지 외부금융 방법을 처음부터 끝까지 다시 한번 훑어 본다. 직접금융의 ①주식 발행부터 국제금융의 ⑩회사채/주식 연계증권 발행까지 수도 없이 따져봤던 내용을 다시 한번 머리 속으로 짚어본다.

아무리 따져보아도 결론은 오직 하나 ⑥정부 지원금뿐이다. 다른 방법이 가능하더라도 지금은 정부 지원금에 집중해야 한다. 정부 지원금에 대해 완벽한 조사를 하고, 거기에 길이 있는지를 확인하는 것이 가장 우선이라는 것이 정 사장이 내린 결론이다.

| 카드 1 | 자금조달 방법표

내부금융		이익잉여금, 자본잉여금, 감가상각비
외 부 금 융	직접금융	① 주식 발행 ② 회사채 발행 ③ 주식연계증권 발행
	간접금융	④ 은행 대출 ⑤ 비은행금융기관 대출
	정책금융	**⑥ 정부 지원금** ⑦ 정책 자금 ⑧ 신용 보증
	국제금융	⑨ 주식 발행 ⑩ 회사채/주식연계증권 발행

정 사장은 먼저 중소기업청의 지원금부터 하나씩 검토하기로 결정하고 중소기업청 사이트www.smba.go.kr에 접속한다. 중소기업청 홈페이지에서 '정책마당' 중 '기술지원'을 클릭하니 중소기업의 기술개발을 지원하는 34개의 프로그램이 나온다. 34개 프로그램을 하나씩 검토하여 씨엔텍의 자금조달에 도움이 될지를 따져본다. 중요한 사항은 별도로 메모를 한다.

더 많은 정보를 얻기 위해 중소기업청의 사이트를 검색하던 정 사장의 눈길을 사로잡은 것이 있다. 바로 중소기업 지원 종합정보서비스다. 여기에는 중소기업에 대해 정부와 공공기관 그리고 지방자치단체가 제공하는 모든 지원 프로그램이 모아져 있다. 한마디로

불황에서 살아남는 금융의 기술

중소기업 지원정책의 완결편이라 할 수 있다.

www.bizinfo.go.kr로 접속하면 중소기업 지원 종합정보 서비스의 홈페이지가 나온다. 정책정보는 크게 세 가지 유형으로 분류되어 있어 정책분야별, 지원기관별, 수요자별 검색이 가능하다. 예를 들어 '정책분야별' 중의 '기술'을 클릭하고, 그 서브메뉴의 '연구개발'을 클릭하면 현재 진행중인 총 90건의 정책정보가 한눈에 들어온다.

앞으로 자주 접속해서 필요한 정보를 수시로 점검할 수 있도록 컴퓨터의 '즐겨찾기'에 추가한다.

연구원 창업기업에 꼭 맞는 정부 지원금

정부 지원금을 처음부터 끝까지 하나하나 정리한 분량만 해도 상당한데, 정작 어떤 것이 씨엔텍에 도움이 될지는 판단이 서지 않는다. 정보의 양이 너무 많고, 가장 중요한 점, 즉 '우리 회사가 현 단계에서 활용할 수 있는 정부 지원금인가'에 대해 확실히 알 수 없기 때문이다.

정 사장은 또 하나의 카드를 조심스레 꺼낸다.

카드의 제목은 〈정부 지원금 상세 내역〉으로 중소기업청이 지원하는 지원금을 일목요연하게 정리한 것이다. 이 둘째 카드 역시 지난 번 〈효과적인 자금조달 방법〉을 강의하였던 강사를 찾아가 30여 분 상담을 하고 나서 강사로부터 받아온 것이다. 그러니까 기업금융의 초보자인 정 사장에게는 망망대해를 헤쳐갈 지도 하나가 더 생긴 셈이다.

이 카드에는 지원사업별 지원 규모와 지원 분야가 일목요연하게 나와 있어 정 사장과 같은 초보자가 한눈에 알아보기 쉽다. 이 중에

| 카드 2 | '정부 지원금' 상세 내역

중소기업청 지원자금		
지원 사업명	지원 규모	지원 분야
중소기업 기술혁신개발	2,320억원	• 중소기업 단독으로 개발 • 선도과제, 실용과제, 투자연계과제
기업협동형 기술개발	200억원	• 2개 이상의 중소기업 공동개발 • 선도과제, 실용과제, 투자연계과제
구매조건부 신제품개발	450억원	• 수요처의 구매를 조건으로 개발 • 선도과제, 실용과제, 투자연계과제
생산환경혁신 기술개발	247억원	• 선도과제, 실용과제, 보급확산과제
중소기업 이전기술개발	200억원	• 이전기술 실용화를 위한 추가개발 • 선도과제, 실용과제
산·학·연 공동기술개발	597억원	• 대학, 연구기관과 공동 R&D • 일반과제, 선도과제, 국제협력과제
첨단장비 활용 기술개발지원	250억원	• 첨단연구장비 활용과제 지원 • 슈퍼컴퓨터 활용 R&D 지원
창업보육 기술개발	100억원	• 창업보육센터 입주, 창업 5년 이내 • 선도과제, 실용과제
중소기업 서비스 연구개발	50억원	• 경영혁신형(후보) 기업 • 신규서비스 개발, 서비스 생산성향상

불황에서 살아남는 금융의 기술

서 씨엔텍에 가장 적합한 방법, 즉 지원결정이 이루어질 가능성이 가장 높은 방법을 지금부터 찾아야 한다. 정확하고 신속하게.

중소기업청의 중소기업 기술혁신개발 사업

〈카드2〉의 중소기업청 지원금 내역을 상세히 검토한 결과 아홉 개의 사업 중 〈중소기업 기술혁신개발 사업〉이 씨엔텍에 최적의 조달 방법이라는 결론에 도달한다.

정 사장은 이 사업의 내용을 더 자세하게 조사하여 중요한 내용을 정리한 세 번째 카드를 직접 작성하였다.

정부 지원금을 조사하면서 정 사장은 여러 번 놀랐다. 신선한 충격이랄까? 정부에서 중소기업의 연구·개발활동을 돕기 위해 엄청난 금액을 지원하고 있는 게 놀라웠다. 중소기업 기술혁신개발 사업에만 2009년에 2,320억원이라는 거액을 지원한다.

더욱 놀라운 사실은 지원받은 금액을 상환하지 않아도 된다는 점이다. 연구·개발에 거저 돈을 대주다니! 기술개발이 성공하고 나서 20%를 상환하는 것이야 당연한 것으로 여겨진다. 개발한 신기술을 가지고 신제품을 만들면 이익이 크게 발생할 테니까 개발비용의 20%는 내라고 하지 않아도 자발적으로 내놓을 것 같다. 그것도 3년

'중소기업 기술혁신개발 사업' 상세 내역

○ 지원 규모 : 2,320억원

○ 지원 내역

과제명	세부 과제 내용	지원규모	업체당 지원한도	개발기간
선도과제	사전 기술수요조사를 통해 발굴한 500개 내외 과제		5억원	2년 이내
투자연계과제	첨단·고기술 분야 중 벤처캐피탈 수요조사를 통해 발굴한 100개 내외 과제	1,720억원	7.5억원	3년 이내
실용과제	중소기업의 자유응모과제	600억원	2.5억원	1년 이내

○ 지원 조건
• 원리금 상환 의무 없음
• 개술개발 성공 시 지원금의 20% 기술료로 회수(3년 분할)

○ 신청 기간 : 2009년 1월 15일 ～ 1월 30일

○ 접수 방법 : www.smtech.go.kr에 온라인 접수

※ 제2장에 나오는 정책자금에 관한 정보는 특별한 언급이 없는 경우 2009년 3월 2일 현재 기준임

에 걸쳐 분할상환하는 조건인데.

중소기업 기술혁신개발 사업은 크게 세 가지로 나뉜다. 가장 눈길을 끄는 것은 투자연계과제다. 한 기업 당 지원한도가 7억5,000만원

이라는 어마어마한 금액이기 때문이다. 그러나 투자유치 조건이라는 단서조항이 자신이 없다.

선도과제 역시 한 기업에게 5억원이라는 큰 돈을 지원한다. 지난 1년 간 씨엔텍을 경영하면서 1억원이라는 돈이 얼마나 큰 금액인지 절실히 느꼈다.

'이 금액의 절반인 2억5,000만원만 있으면 2년 간 연구에만 매진하여 일본 제품보다 한발 앞선 기술과 제품을 만들어 낼 수 있을 텐데. 갚지 않아도 되는 돈이니까 다른 부담 없이 오로지 연구에만 몰두할 수 있고. 그렇게만 된다면 얼마나 행복할까!'

정 사장은 마음 속으로 기도라도 하고 싶은 심정이었다. 그러나 어떤 일이든 첫술에 배부르길 바랄 순 없다. 욕심을 낮추어 실용과제를 목표로 정한다.

중소기업 기술혁신개발 사업의 평가 기준

목표는 정해졌다.

이제 어떻게 목표를 달성하느냐 하는 더 어려운 과제를 해결해야 한다. 목표달성을 위해서는 자금공여자의 지원결정 기준을 파악해야 한다. 그래야 선정 절차라는 장애물을 무사히 통과하여 '지원금'이라는 목표에 도달할 수 있으니까.

지원결정 기준은 크게 4단계다. 단계별 평가내용을 정리한다.

제1단계   신청 자격

선도과제와 투자연계과제는 기술혁신형 중소기업Inno-Biz기업, 벤처기업 또는 기술연구소 보유기업만 신청이 가능하다. 실용과제는 '제품 및 개발특성 요약서'를 제출하고, 단독 개발 및 사업화가 가능하기만 하면 누구라도 가능하다.

제2단계   서면 평가

신청기업이 제출한 사업계획서를 한국산업기술평가원이 서면심사하고, 평점이 60점 이상인 과제 중 우선 순위에 따라 전체 신청과제수의 70% 내외에서 현장·경영 평가 대상과제를 추천한다.

제3단계   현장·경영 평가

지방중소기업청에서 현장 실사 및 경영 평가를 통해 사업계획서 내용의 사실 여부, 개발여건, 수행능력, 경영상태 등을 평가하여 평점이 60점 이상인 과제 중 지원계획 과제수의 2배수 내외에서 기술성·사업성 평가 대상과제를 추천한다.

제4단계   기술성·사업성 평가

한국산업기술평가원에서 산·학·연 전문가 6인 내외로 평가위원회를 구성하여 기술개발 및 사업화 계획의 적절성, 사업비 산정의 합리성 등을 평가한다.

현장·경영 평가 점수를 40%, 기술성·사업성 평가 점수를 60% 반영하고 여기에 우대배점을 합산한 종합점수 순위에 따라 지원대상이 최종 결정된다.

1단계는 자격 요건으로 씨엔텍은 이 요건을 충족한다. 실질적인 평가는 다음 단계부터다. 3차의 평가를 모두 합격해야만 자금이 지원된다. 아직까지 한번도 자금지원을 위한 평가나 심사를 받아본 경험이 없는 정 사장은 적잖이 걱정된다.

특히 기술성·사업성 평가는 정 사장이 직접 6명의 평가위원들 앞에서 프리젠테이션을 하고 평가위원들의 질문에 답변해야 한다. 연구원 시절 기술개발 결과를 의뢰기업의 경영진에게 프리젠테이션한 적은 있지만, 그것은 기술에 관한 사실만 설명하면 그만이었다. 그러나 자금조달의 평가란 기술뿐만 아니라 시장전망, 경쟁상황, 판매계획, 핵심인력까지 기업의 종합적인 내용을 프리젠테이션하는 것이므로 차원이 전혀 다르다. 프리젠테이션 기술을 별도로 배워야 되는 건 아닌지….

가장 시급히 알아보아야 할 사항은 각각의 평가에서 중요한 기준이 무엇인지다. 그리고 거기에 맞게 서류와 실사 준비를 완벽히 해야 한다. 정 사장이 일 주일여의 시간과 노력을 투자하여 파악한 각 단계별 평가기준은 〈카드4〉 및 〈카드5〉와 같다.

| 카드 4 | **서면 평가표와 현장·경영 평가표**

1. 서면 평가표

평가 항목	배점
사업계획의 충실성	30
사업비 산정의 적정성	30
기술개발 능력 및 여건	20
목표달성 가능성	10
정부지원의 타당성	10

2. 현장·경영 평가표

평가 항목	배점
CEO의 기술·경영 역량	9
기술개발 인프라	22
기술개발 과제	13
기술개발 성공 가능성	16
시장성	10
사업화 계획의 타당성	16
재무관리 능력	14

※ 창업 3년 이내 기업의 평가지표임.

불황에서 살아남는 금융의 기술

평가 항목	평가 지표	평 점
사업계획 및 사업비의 적정성	사업계획 및 추진의 적정성	10
	사업비 산정의 적정성	10
기술성 및 개발능력	기술의 혁신성과 차별성	10
	과제책임자 및 참여연구원의 능력	10
	기술적 파급 효과	10
경제성 및 사업화 가능성	개발 기술의 활용 가능성	10
	실용화 가능성	10
	사업화 계획의 적정성	10
	시장 진입 가능 및 성장성	10
	경제성 및 파급 효과	10

자, 이제 준비는 끝났다. 나에게 맞는 자금조달 방법을 결정하였고, 자금공여자가 누구인지도 파악하였다. 가장 중요한 정보인 자금공여 결정기준에 관해 필요한 정보도 입수하였다.

이제 남은 것은 실행하는 것이다. 직접 부딪쳐서 목적을 달성하는 일만 남았다. 정 사장은 자신도 모르게 어금니가 꽉 깨물어진다. 찌르르한 긴장감이 온몸을 타고 흐른다.

www.smtech.go.kr에 접속하여 중소기업 기술혁신개발 사업의 신청서와 사업계획서를 작성하고, 경기중소기업청의 현장 실사를 위한 만반의 준비를 갖추는 것이다. 물론 정부 지원금을 받은 적이 있는 대학동기를 찾아 자문도 받아야 한다. 그리고 가장 중요한 관문인 3차 심사를 위한 기술성·사업성 평가자료를 파워포인트로 작성하고 인상적인 프리젠테이션을 할 수 있도록 충분한 준비를 할 것이다.

씨엔텍과 정욱 사장의 앞길에 부디 행운이 있기를!

C o r p o r a t e   F i n a n c e

최소 비용으로
자가공장 마련하기

혼신을 다한 준비와 열정이 담긴 프리젠테이션이 평가위원들의 마음을 움직였던지 씨엔텍은 〈중소기업 기술혁신개발 사업〉의 실용과제에 선정되고 2억원을 지원받았다.

준비하면서 알게 된 사실이지만 선도과제는 중소기업청에서 미리 지정한 개발 과제에 대해서만 신청할 수 있다. 자기가 개발하고자 하는 기술이 선도과제로 지정되길 원하면 사전에 실시되는 기술수요조사에 그 기술을 제안하고 선도과제로 지정되어야 한다. 이렇게 선도과제로 지정이 되면 과제 평가에서 유리하다는 사실을 너무 늦게 알았다.

아쉬웠지만 할 수 없는 일이다. 정부 지원금을 지원받기 위해서는 1년 전부터 준비해야 한다는 중요한 사실을 알게 된 것만도 큰 수확이니까.

1차 증자 2억원 실시

중소기업청의 〈중소기업 기술혁신개발 사업〉에 선정된 효과는 비단 지원금 1억원에 그치지 않았다. 공정하고 엄격한 정부의 3단계 평가를 통과한 것은 일종의 합격증과 같은 것으로 여러 가지 부수적인 효과를 가져다 주었다.

씨엔텍이 개발하려는 기술의 향후 사업성을 인정받은 것이고, 또한 그 기술을 개발할 역량이 충분하다는 것까지 인정받은 것이다. 특히 '평면 디스플레이 세정 장치'와 관련된 분야에 몸 담고 있는 사람들이 큰 관심을 보였고, 그 관심이 투자로까지 이어졌다.

씨엔텍이 입주한 창업보육센터가 있는 대학교의 교수들이 관심을 보이고, 기술에 대해 그리고 개발 진행 단계에 대해 이것저것 질문을 하였다. 분명 그 전과는 다른 관심도였다. 그리고 몇 번의 설명이 있고 나서 정 사장은 "혹시 씨엔텍에 투자를 좀 해도 될까요?"라는 조심스런 투자상담까지 받게 되었다.

처음에는 당황스러웠지만, 이제 내 사업이 남에게 인정을 받는구

불황에서 살아남는 금융의 기술

나 하는 생각으로 날아갈 듯한 기분이 되었다. 더구나 향후 지속적인 기술개발을 위해 도움이 될 수도 있는 전문가들이었기에 더 그랬다.

무엇보다 정 사장에게 고무적이었던 것은 기술개발을 위해 지난 1년 간 밤샘을 밥 먹듯 했던 연구원 두 명이 주주가 되고 싶다는 의사를 표시한 것이다. 각각 2,000만원이라는 대학원생으로서 적지 않은 금액을 출자하겠다면서.

추가자금의 필요성을 느끼고 있던 정 사장은 1차 증자를 실시하였다. 아파트 담보대출로 마련한 5,000만원과 대학교수 3명, 연구원 2명 그리고 동업자인 건의 출자를 합쳐 총 2억원의 유상증자를 실시하였다.

주머니가 든든해지자 자신감이 생겼다. 얼마 전부터 꿈꿔왔던 사업계획을 실행하기로 결심하였다. 경기도가 건립을 지원하는 벤처 집적 빌딩의 분양을 신청하고, 기업부설 연구소를 설립하는 것이다.

지난 번 정부 지원금을 신청하여 평가 받는 과정에서 절실하게 느낀 것 중 하나가 기업부설 연구소의 필요성이었다. 평가지표에서도 큰 비중을 차지하는 항목이었다. 선도과제나 투자연계과제는 벤처기업, 이노비즈기업이거나 기업부설 연구소를 보유한 기업이 아니면 아예 신청자격조차 주어지지 않는다.

정부 지원금으로 기업부설 연구소 설치하기

기업부설 연구소를 설치하는 데 필요한 자금도 정부 지원금을 활용하여 해결하기로 했다. 정부 지원금에 대한 자세한 정보를 얻기 위해 중소기업청 사이트를 검색하면서 여기에 유용한 프로그램이 있다는 것을 확인했기 때문이다.

〈산학연협력 기업부설 연구소 지원 사업〉이 바로 그것이다.

| 카드 6 | **산학연협력 기업부설 연구소 지원 사업**

○ 지원 규모 : 300억원(신규설치 230억원, 업그레이드 70억원)

○ 지원 내역

구분	지원 대상	지원 내용
신규 설치	대학 또는 연구기관과 협력하여 기업부설 연구소를 신규로 설치하려는 중소기업	최대 3년 간 5억원까지 -1년차 및 2년차 : 각 2억원 한도로 비용의 75%까지 -3년차 : 1억원 한도로 비용의 50%까지
업그레이드	기존 기업부설 연구소 연구장비 및 인력확충을 통해 산학연협력 연구개발을 수행하려는 중소기업	2년 간 5억원까지 -1년차 및 2년차 : 각 2.5억원 한도로 비용의 75%까지

○ 신청 기간 : 2009년 2월 23일 ~ 2월 27일

○ 접수 방법 : http://sanhak.smba.go.kr에서 온라인 접수

사업은 순조롭게 진행되어 갔다. 자금 여유가 생기자 석사급 연구원을 2명 더 채용하였고, 정부개발 과제는 일정보다 앞서 진척되었다. 과제기간 1년을 채우기 전에 개발을 완성하겠다는 의욕으로 연일 계속되는 야근에도 다들 생기가 넘쳤다.

지난 1년여와는 너무도 대조적인 상황에 오히려 불안하기까지 하였다. 아직 깨닫지 못한 사업위험이 어딘가에 숨어 있는 것 아닌가 하는 막연한 불안감 같은 거.

긴장을 늦추지 않기 위해 다음 단계 기술개발을 준비하기로 결정했다. 현재 진행 중인 기술개발을 완성하더라도 예기치 않은 상황은 얼마든지 발생할 수 있기 때문이다.

예를 들어 일본 기업이 새로운 경쟁사의 시장진입을 봉쇄하기 위해 공급가격을 크게 떨어뜨릴 수도 있다. 가격차가 크지 않다면 국내 대기업들은 공급처를 변경하지 않을 가능성이 크다.

우려되는 상황은 또 있다. 일본 기업 역시 다음 단계의 신기술을 개발하고 있는 경우다. 현재 시장을 독점하고 있으므로 신기술을 시장에 출시할 필요를 느끼지 않지만, 경쟁사가 나타난다면 이야기는 달라진다. 준비한 신기술 제품으로 경쟁사를 진입초기에 물리치려 할 것이기 때문이다.

어느 쪽이든 하나의 기술에만 의존하는 것은 위험할 수 있으므로 이쪽도 비장의 카드를 가지고 있어야 한다.

정부 지원금 1년 전부터 준비하다

기술개발을 위한 자금은 이번에도 정부 지원금을 활용할 계획이다. 목표는 중소기업 기술혁신개발 사업의 선도과제 또는 투자연계과제로 정한다.

투자연계과제에 성공하기 위해서는 투자기관이 투자하고 싶을 정도의 기업을 만들어야 한다. 주어진 시간은 1년.

그리고 기술·사업성 평가와 투자설명회라는 두 번의 프리젠테이션을 치러야 한다. 전자는 이미 경험한 바가 있지만, 투자유치를 위한 프리젠테이션 IR Investor Relations 은 새로운 도전이다.

정 사장은 자신과 같은 분야의 전문가들로 구성된 기술평가와 달리 투자가를 대상으로 하는 IR은 만만치 않을 거라는 생각이 든다. 돈을 다루는 사람들, 투자성과에 의해 평가 받는 사람들은 자기와는 딴 세상 사람들 같다는 선입관 때문인지도 모르겠다. 어느 TV광고 카피처럼 '뉴튼도, 아인슈타인도 풀지 못한 문제, 바로 돈 문제를 다루는 사람들'이니까.

투자기관을 대상으로 한 사업계획서 작성과 IR, 그리고 프리젠테이션 기법의 연마까지 또 새로운 공부를 해야 한다. 사업가의 길은 도전의 연속이다. 정 사장은 가보지 않은 길을 새롭게 도전해야 하는 불안감, 긴장감과 함께 한번 해보겠다는 도전의식이 더 강하게 솟구치는 것을 느낀다.

불황에서 살아남는 금융의 기술

정책자금으로 자가공장 마련하기

정 사장의 앞에는 또 하나의 도전이 놓여 있다. 이것 역시 가 보지 않은 새로운 길이다. 그 동안 꿈꿔왔던 사옥 — 사옥이면서 동시에 제 1공장이고 또 기업연구소이기도 한 작업 공간 — 의 분양대금을 마련하는 것이다.

교통이나 입지 여건이 좋고 분양대금 역시 비교적 저렴한 벤처집적빌딩을 분양 받았다. 그러나 아직 매출이 발생하기 전의 초기기업에게 5억원은 큰 부담이 되는 금액이다.

증자로 유입된 자금 중에서 1억원을 대면 나머지 4억원은 은행이 담보대출을 해주겠다는 지점장의 약속을 받긴 했지만, 잔금을 지불할 때까지는 안심이 안 된다. 은행대출을 무사히 받는다 해도 금리 부담이 상당하다. 분양 받은 벤처집적 빌딩을 담보로 제공하더라도 8% 이자를 매년 부담해야 한다.

정책금융의 혜택을 잘 알고 있는 정 사장은 이번에도 정책금융에서 더 좋은 해결책을 찾을 수 있는지 공부하기로 했다.

대출금리가 높아서
부담이 되는데

초기 단계 벤처기업에게 자금조달의 길은 멀고도 험하다. 낙타 한 마리에 의지하여 사막을 건너는 것에 비유할 수 있을까? 그나마 정책금융이라는 오아시스가 있어서 도중에 포기하지 않고 목표를 향해 나아갈 힘을 얻는다.

정 사장은 이번에도 정책금융에서 원하는 해결 방법을 찾을 수 있을까?

정 사장이 첫걸음을 내디던 곳은 중소기업 지원 종합정보 서비스이다. 컴퓨터의 '즐겨찾기'에 저장했던 사이트 주소, www.biz info.go.kr을 클릭하여 중소기업 지원 종합정보 서비스에 접속한다. 융자를 클릭하자 현재 시행 중인 49개의 정책자금이 나온다. 이들을 샅샅이 뒤지기 시작한다. 마치 초등학교 소풍 때 선생님들이 숲 속에 숨겨 논 보물찾기를 하는 것처럼 설레기까지 한다.

최근 정보부터, 그리고 주관기관이 중소기업청인 사업부터 검색한다. 오후 내내 정책자금 전부를 샅샅이 검토하고 나서 내린 결론은 이렇다.

중소기업청이 주관하고 중소기업진흥공단이 집행하는 〈중소기업청 소관 중소기업 정책자금〉(이하 '중소기업청 정책자금'이라 한다)이 해답에 가장 가깝다.

잠시 커피 한 잔을 마시며 머리를 식히고는 곧바로 세부내용의 조사에 들어간다. 몇 시간의 인터넷 검색과 전화 문의와 전문가 자문을 통해 얻은 귀중한 정보와 자료를 정리하여 〈카드 7〉을 작성하였다.

중소기업청 정책자금

중소기업청 정책자금의 내용을 세심하게 검토하던 정 사장은 또 한번 깜짝 놀랐다. 정책금융에 대해 조사하면서 신선한 충격을 받은 적이 한두 번이 아니었는데, 이번에도 역시 융자조건이 기대를 뛰어넘는 호조건이었기 때문이다.

중소기업청 소관 중소기업 정책자금

○ 융자지원 내역

자금명	융자규모	금리	대출기간
창업초기기업 육성	10,000억원	4.37%	시설자금 : 8년
개발기술 사업화	1,580억원		
사업 전환	1,475억원		운전자금 : 5년
지방중소기업 기술사업화	1,000억원	4.74%	시설자금 : 9년
지방중소기업 경쟁력 강화	3,000억원		운전자금 : 6년
신성장기반	11,900억원		시설자금 : 8년
농공단지 입주기업	200억원		운전자금 : 5년
긴급경영안정	7,000억원		
소상공인 창업 및 경영개선	5,000억원		5년
폐업 자영업자 전업	1,000억원		
합 계	4조2,155억		

○ 융자지원 방식
• 중소기업진흥공단에서 융자 결정 후 중소기업진흥공단 또는 거래 은행에서 대출 실행

○ 융자 신청 : 중소기업진흥공단 지역본부

　금리를 보자. 정 사장이 분양대금 납입을 위해 상담했던 은행의 담보대출 금리는 8% 안팎이었다. 물론 대출 시점의 금융시장 상황에 따라 변동된다. 중소기업청 정책자금 융자금리는 4.37%로 은행 대출에 비해 3% 이상 낮다. 4억원을 대출 받는다면 매년 1,200만원

이상의 이자비용이 절감된다. 중소기업 생산직 인력 한 명의 1년 인 건비와 맞먹는 금액이다.

금리 못지 않게 매력적인 요소는 대출기간이다. 정 사장의 경우처럼 공장구입을 위해 필요한 자금은 시설자금이므로 대출기간이 8년, 즉 3년 거치 5년 분할상환이다.

은행대출을 받고 나서 1년 또는 2년 후 만기가 돌아오면 기업들은 연장이 될지 어떨지가 항상 불안하다. 금융시장 상황이 악화되거나 기업의 경영상태가 나빠지면 은행이 연장을 안 할 수도 있기 때문이다.

중소기업청의 정책자금은 만기가 8년이므로 8년 동안은 이런 걱정을 하지 않아도 된다. 이것은 중소기업 CEO에게 엄청난 시간과 에너지의 절약이다. 그만큼 사업과 기술개발에 전념할 수 있으니 말이다.

이런 조건이라면 대한민국의 모든 중소기업·벤처기업이 정책자금에 몰릴 것 같다. 은행대출을 받으려는 기업은 한 곳도 없을 것이다. 이 모든 기업의 자금수요를 충족시키기에 4조2,155억원은 너무 부족한 금액이다. 슬며시 다른 불안감이 생긴다.

'혹시 선정 조건이 까다로운 거 아닌가? 우리 같은 초기 기업은 엄두도 못 낼 정도로.'

이런 막연한 불안감을 해소하는 길은 정책자금 지원결정 기준을 자세히 알아보는 것이다. 정 사장은 〈창업초기기업 육성자금〉에 대해 상세히 조사한 후 직접 〈카드 8〉을 작성하였다.

| 카드 8 | 「창업초기기업 육성자금」의 지원결정 기준

○ 융자 대상
• 창업 후 7년 미만인 중소기업 또는 창업을 준비 중인 자
• 금융·건설·부동산업, 사치·향락·투기업종 등 융자 제외대상 업종이 아닐 것

○ 융자 제한
• 제조업의 경우 무등록 공장 기업
• 중소기업진흥공단 신용평가 B+ 또는 신용평가회사의 BB 이상 기업
• 신용정보 관리 또는 세금 체납 중인 기업
• 업종별 융자제한 부채비율 초과 기업
• 기타 부적격 기업
※ 융자 제외업종 명세 및 제한 요건 상세 내역은 중소기업진흥공단
　홈페이지(www.sbc.or.kr)의 '자금융자' 참조

○ 융자평가 기준
• 예비평가 : 매출액 대비 차입금, 자본잠식, 매출액 증감, 연체유무, 당기손익 등
　종합 평가
• 본평가 : 재무등급과 비재무등급을 고려하여 신용등급을 산정
　－비재무등급 평가는 사업성, 기술성, 사업계획 타당성, 상환능력, 경영자 자질
　　등 종합 평가
　⇒ 일정 신용등급 이상 기업을 융자대상 업체로 결정
※ 가점 및 감점 부여 기준에 대해서는 중소기업진흥공단 홈페이지(www.sbc.or.kr)의
　'자금융자' 참조

〈창업초기기업 육성자금〉을 지원받기 위해서는 3단계의 지원결

정 기준을 충족해야 한다. 1단계는 융자대상에 해당되면서 융자 제한에 해당되지 않아야 한다. 2단계인 예비평가는 재무요소 평가로 여기서 탈락하면 본평가 대상이 되지 않는다. 3단계인 본평가는 재무요소와 비재무요소의 종합평가다. 평가 결과 일정 등급 이상인 기업을 융자대상 기업으로 선정한다. 예비평가 및 본평가의 평가지표들은 일반적인 중소기업 평가지표와 대동소이하다.

동일한 평가지표를 사용하더라도 평가가 더 엄격할 수도 있고, 덜 엄격할 수도 있다. 전자의 경우라면 합격점 이상의 기업수가 적게 될 것이다. 중소기업청의 정책자금은 금리와 대출기간이 유리하므로 신청기업이 많아 경쟁률이 높아지고, 따라서 평가기준이 엄격할 것이다, 라고 정 사장은 짐작하였다.

서류 준비를 마치고 중소기업진흥공단 경기지역본부를 방문하여 상담한 결과는 의외였다. 〈창업초기기업 육성자금〉을 신청한 기업 중 1차 및 2차 평가에서 탈락한 비율이 25%에 불과하다는 말을 들었기 때문이다. 신청기업 4개 중 3곳이 지원되었으니까 보통 정도의 기업이면 지원등급이 된다고 볼 수 있다.

한편으로 안심이 되었지만 다른 한편으로 의문이 남는다. 신청기업 대다수가 평가 결과 지원등급으로 판정된다면 어떤 기준으로 최종 지원여부를 가린다는 것인가? 지원 가능금액보다 몇 배 많은 기업이 신청할 텐데. 추첨이라도 하는 것인가? 이 의문에 대해 질문을 하자 예상 밖의 대답이 돌아왔다.

"선착순 방식에 의해 지원기업이 선정됩니다."

선착순이라…. 설날과 추석 명절 때마다 귀향열차표를 예매하기 위해 서울역 광장에 몇 백 미터씩 길게 늘어선 사람들의 행렬이 떠올랐다.

담당자의 설명은 이랬다.

"창업초기기업 육성자금의 연간 지원액 1조원을 지역별로 배분하여 선착순에 의해 신청을 받는다. 배정액만큼 신청이 이루어지면 신청을 중단하는 방식이다."

이해가 되는 듯도 하고 안 되는 것 같기도 한데, 결론은 창업초기기업 육성자금의 신청 대기자가 많으니 상당기간 기다려야 한다, 정확히 언제쯤 자금이 지원될지 알 수 없다는 것이다.

정책자금 활용에서 여러 번 느꼈던 '미리미리 준비를 해야 성공 가능성이 높아진다' 라는 교훈을 다시 한번 되새길 수밖에 없었다. 어쨌거나 정 사장은 실망감을 안고 돌아와야 했다.

경기도 중소기업 육성자금

일찍부터 준비를 해야만 필요할 때 자금을 조달할 수 있다는 사실을 새롭게 알게 된 것만으로도 도움이 된다며 스스로를 위로했지만 씁쓸한 마음은 어쩔 수 없었다. 이제 8% 금리의 은행대출을 써야 하나, 만기가 도래할 때마다 연장을 해줄지 걱정해 가면서.

회사에 들어와 www.bizinfo.go.kr에 접속하여 정책분야별의 융자를 검색해가던 정 사장이 새로운 희소식을 접하게 된 건 그리 오랜 시간이 흐르지 않아서였다. 중소기업청의 정책자금과 거의 동일한 조건의 정책자금, 어떤 면에서는 더 도움이 되는 또 다른 정책자금을 발견한 것이다.

그것은 바로 경기도가 자금을 조성하고 경기신용보증재단이 집행하는 〈경기도 중소기업 육성자금〉(이하 〈경기도 자금〉이라 한다) 이었다. 정 사장은 기쁜 나머지 점심식사도 잊은 채 경기도 자금의 세세한 부분까지 조사하였다. 그리고 또 하나의 카드를 작성했다.

〈경기도 자금〉을 〈중소기업청 정책자금〉과 비교해 보면 모든 면에서 아주 유사하다는 것을 알 수 있다. 그것은 중소기업청 정책자금이 중소기업의 자금수요를 충분히 만족시키지 못함에 따라 경기도에서 별도의 예산을 마련하여 이 자금수요를 충족하기 위해 조성한 것이 경기도 자금이기 때문이다.

몇 가지 중요한 사항을 비교하면 이렇다.

대출금리는 거의 같은 수준이다. 대출기간도 아주 유사하다. 융자규모를 보면 언뜻 보기에는 중소기업청 정책자금이 훨씬 커 보이지만 사실은 그렇지 않다. 경기도 자금은 경기도 소재 중소기업만

자 금 명		융자 규모	대출 금리	대출 기간	업체당 지원한도
운전 자금		7,800억원	4.9~6.2%	1~4년	5억원
창업경쟁력강화자금	시설투자 사업	3,500억원	4.52%	시설자금 : 8년 운전자금 : 4년	15억원
	신기술 지원사업	300억원	4.04%		
	벤처창업 사업	600억원			
	여성창업 사업	100억원	4.7%		2억원
	APT형공장·벤처 집적시설 건립사업	1,000억원	5.2%		400억원
	특별경영 사업	1,500억원	별도 계획 추후 공고		
	소상공인 창업사업	200억원	4.3%	4년	5,000만원
	소 계	7,200억원			
총 계		1조5,000억원			

을 대상으로 하므로 1조5,000억원은, 전국을 대상으로 하는 중소기업청 정책자금 4조2,155억원과 비교하여 절대 작은 금액이 아니다.

자금의 구성은 운전 자금과 시설투자 사업이 전체 지원금액의 75%를 점하고 있으며 그 외에도 다양한 자금이 있다.

벤처집적시설을 분양 받는 자금은 시설투자에 해당되므로 정 사장은 시설투자 사업에 대해 더 자세히 알아본 후 〈카드10〉을 작성하였다.

「**경기도 자금**」 중 '**시설투자 사업**' 세부 내역

○ 융자 대상
• 경기도에 소재한 중소기업으로서 공장등록을 한 제조업 또는 제조관련 서비스
업, 지식기반 사업, 지식기반 서비스업을 영위하는 기업

○ 융자 내용

자금 용도	융자금액	융자범위	대출기간
공장 건축비	15억원	건축비 70% 이내	8년 (3년 거치 5년 분할)
시설설비 구입비	15억원	구입금액 범위 내	
벤처집적시설 입주비용	5억원	분양대금의 70% 이내	
아파트형 공장 입주비용			
연구개발비	3억원	소요자금범위 내	4년

○ 융자지원 결정기준
• 서류 검토 및 현장 실사 후 평가점수 50점 이상이면 지원 대상
• 평가 항목 및 배점 : 재무항목(30), 경영상황(30), 사업타당성(40), 가점(10)
단, 창업 3년 미만은 창업자 능력(20), 사업추진 능력(30), 기술성(25), 시장경
쟁력(25), 가점(10)

○ 융자 지원 방식
• 경기신용보증재단에서 융자 결정 후 거래 은행에서 대출 실행

○ 융자 신청 : 경기신용보증재단 기술평가부 또는 각 지점
※ 신청서 및 사업계획서 작성은 경기신용보증재단(www.gcgf.or.kr)의 보증업무 → 보증신
청서류 → 경기도중소기업육성자금 → 경기도시설 투자사업 신청서를 다운로드 받아 작성

정 사장은 간단한 서류를 준비하여 가까운 경기신용보증재단 지점을 방문하였다. 지점장과의 상담은 아주 고무적이었다.

서류를 갖추어 신청을 하면 일주일 이내에 융자결정이 완료된다는 것. 더 고무적인 사실은 평가기준이 엄격하지 않다는 점이다. 평가는 서류와 현장 실사를 토대로 평가표에 의해 평가하는데, 신청 기업의 95% 이상이 융자대상으로 결정된다.

지점장의 설명을 그대로 인용하면 이렇다.

"시설투자 사업은 경기도에 공장을 새로 짓거나 시설투자를 하는 기업을 지원하는 것입니다. 공장건축이나 시설투자가 이루어지고 나면 그 후에는 생산활동이 뒤따르므로 고용창출과 경기도 경제 활성화에 기여할 것입니다. 그래서 시설투자 사업은 기업의 재무상태나 사업성을 엄격하게 따지지 않고 적극적으로 지원하는 것이 경기도의 방침입니다."

반가운 소식은 또 있다. 시설투자 사업은 자금규모가 넉넉하여 연말까지도 충분히 지원될 수 있다는 점이다. 경기신용보증재단에서 융자결정이 되면 거래은행에서 10개월 이내(운전자금은 3개월 이내)에 대출을 받으면 된다.

상담을 마치고 돌아오는 정 사장의 발걸음은 날아갈 듯 가벼웠다. 이제 모든 걱정이 해소된 것 같다. 지금부터는 '플라즈마를 활용한 평면세정장치' 개발에 전념하면 된다.

불황에서 살아남는 금융의 기술

회사로 돌아가는 차 안에서 정 사장은 지점장의 마지막 말이 떠올랐다.

"경기도 자금의 융자결정이 이루어진 후에 은행에 가서 대출신청을 하면 담보를 요구할 수도 있습니다. 담보가 부족하여 대출이 어려운 경우에 우리 지점을 다시 방문하시면 보증서 발급을 검토하도록 하겠습니다."

보증서라…. 빚보증까지 정부에서 서준다는 이야기인가? 저리의 자금을 대주면서 동시에 담보가 부족한 중소기업에는 빚보증까지 서준다고?

더 자세히 알아보아야겠다는 생각을 하며 기분 좋게 회사에 도착했다.

담보가 없어서
대출을 못 받는데

중소기업청 정책자금이나 경기도 자금과 같은 정책자금은 은행 대출보다 금리가 낮고 대출기간이 길어 유리하다. 그러나, 정책자 금의 융자가 결정되었다고 해서 곧바로 대출을 받을 수 있는 것은 아니다.

정책자금 융자결정 통지서를 가지고 거래 은행에 가서 대출을 신 청하면 은행은 담보를 요구한다. 신용도가 높다면 신용대출이 가능 하겠지만, 그렇지 않은 대부분의 기업은 담보를 제공해야만 정책자 금을 쓸 수 있다.

처음으로 정책자금을 쓰려는 중소기업이 적잖이 당황하는 순간이다. 정책자금 융자가 결정된 순간 모든 것이 해결되었다고 생각했는데 또 다시 담보라니? 그럼 담보 없는 중소기업은 정책자금도 쓸 수 없다는 말인가?

그렇다. 신용도가 낮고 담보가 없으면 정책자금이 아무리 매력적이라 해도 활용할 수 없다. 왜 그런지를 설명하면 이렇다.

정책자금이란 금리와 대출기간 면에서 은행대출보다 더 좋은 조건의 자금을 제공하는 것이다. 이것이 정책자금의 혜택이다. 그러나 기업이 상환하지 못할 경우 발생하는 손실위험까지 정부가 부담하는 것은 아니다. 그 위험은 은행이 부담한다. 다시 말하면 대출 받은 기업이 만기에 대출금을 상환하지 못하더라도 은행은 정부에 대해 그 자금을 상환해야 한다. 그러므로 은행은 손실위험을 피하기 위해 담보를 요구한다. 대부분의 정책자금이 정부기관에서 평가 후 융자결정이 나면 은행을 통해 대출이 이루어지는 이유가 여기 있다.

그러면 정책자금의 1차, 2차 평가는 왜 하는 거지? 그것 역시 일종의 심사 아닌가? 대출심사 같은 거.

맞다. 그것 역시 심사의 일종이다. 그러나 그 심사는 신청기업이 정책자금의 목적에 맞는 기업인지, 정책자금을 지원했을 때 정책적 효과가 있을 기업인지를 따져보기 위한 심사일 뿐이다. 그래서, 정책자금 심사는 훨씬 단순하고, 보통 정도의 기업이면 융자결정이 이루어지는 것이다.

이제 이해는 되었다. 하지만 담보 없는 중소기업은 어떻게 해야 하나? 어려운 중소기업을 도와주기 위한 것이 정책자금인데, 막상 그 매력적인 자금을 담보가 없어 쓸 수 없다면 무슨 소용이란 말인가라는 질문 내지 하소연이 나올 만하다.

이런 경우 중소기업이 도움을 받을 곳이 또 있다. 담보 없는 중소기업에 대출보증을 서주는 신용보증기관이 바로 그곳이다. 보증이란 말 그대로 대출 받은 사람이 그 대출을 못 갚으면 대신 갚겠다는 서약이다. 흔히 말하는 빚보증 선다고 할 때의 그 보증이다.

중소기업이 보증기관의 보증서를 가지고 은행에 가면 은행은 두말없이 곧바로 대출을 해준다. 보증기관은 손실이 발생하면 정부가 보전을 해주는 일종의 정책기관이기 때문이다. 신용보증을 일종의 정책자금으로 분류하는 이유다.

정책자금이 은행대출보다 더 좋은 자금을 대주는 거라면, 신용보증은 담보 없는 중소기업에게 빚보증을 서줌으로써 은행대출을 받을 수 있도록 도와주는 제도다. 이 두 가지를 동시에 활용하면 은행대출보다 더 유리한 조건으로 담보 없이도 대출을 받을 수 있다.

44조원에 달하는 신용보증

앞에서 자주 활용하였던 〈자금조달 방법표〉를 보면 정책금융이

세 가지로 구분된다. 첫째는 정부 지원금이고, 둘째는 정책자금, 그리고 셋째는 신용보증이다.

이 세 가지의 정책금융은 다른 종류의 자금조달 방법과 비교할 때 각각의 장점이 있다. 그것이 정책금융 활용의 기술을 다른 기업금융의 기술보다 이 책의 앞부분에 배치한 이유이고, 독자들에게 다른 조달 방법을 검토하기 전에 정책금융 활용을 먼저 검토하도록 권하는 이유다.

이미 세 가지 정책금융의 장점을 알아차린 독자들도 있겠지만 다시 한번 간략하게 정리하면 이렇다.

첫째, 정부 지원금은 정부가 아무 조건 없이 거의 무상으로 지원해 주는 자금이므로 세 가지 중에서도 가장 매력적이다. 문제는 어느 정도 역량이 갖추어진 기업에만 지원된다는 점이다. 그 역량이란 주로 기술개발 역량을 말하며, 그것을 평가하는 과정 또한 까다롭다. 그러므로 개발 역량이 있는 기업이라면 가장 먼저 정부 지원금에 도전해 볼 만하다.

둘째, 정책자금은 융자이므로 나중에 갚아야 하는 돈이다. 그런데, 은행대출과 비교하면 금리와 대출기간이 유리하므로 은행대출을 알아보기 전에 정책자금을 검토하는 것이 바람직하다.

셋째, 신용보증이다. 만기에 상환해야 하는 융자라는 점은 정책자금과 같다. 신용보증기관이 기업에게 직접 대출을 해주는 것은 아니지만, 신용보증서만 있으면 은행이 즉시 대출을 해주므로 실질적인 자금조달 방법이라 할 수 있다.

신용보증의 가장 큰 장점은 담보가 없는 기업도 은행대출을 받을 수 있다는 점이다.

은행에서 대출을 받으려면 대부분 담보가 있어야 한다. 신용대출을 받기 위해서는 신용평가에서 5등급 이상이 나와야 하는데, 대부분의 중소기업은 받기 어려운 등급이다.

그리고 신용대출이 가능한 경우라도 대출금리가 10%까지 올라가는 경우가 많다. 소위 말하는 '리스크 프리미엄'이다. 대출이 부실화되어 은행이 손실을 입게 될 위험, 즉 신용위험을 부담하는 데 대한 보상으로 금리를 더 높게 요구하는 것이다.

신용보증서를 받고 대출을 해주면 신용위험은 거의 제로가 되므로 대출금리가 담보대출보다 더 낮아진다. 1.2% ~ 1.5% 수준의 보증료를 부담하더라도 신용대출 금리보다 낮다. 신용대출을 받을 수 있는 기업들 중 일부가 신용보증을 받는 이유가 여기에 있다.

은행의 신용대출을 받을 수 없는 기업은 제2금융권, 즉 저축은행, 새마을금고, 신용협동조합 등을 찾아 대출을 받기도 하는데, 이 경우에는 은행의 신용대출보다 금리가 더 높아진다. 당연히 신용보증을 받아 은행대출을 받는 것이 훨씬 더 유리하다.

요약하면 이렇다.

신용보증은 은행대출을 받을 수 없는 기업에게 대출을 받을 수 있도록 도와주고, 대출을 받을 수 있는 기업의 대출이자 부담을 낮추는 기능을 한다.

신용보증의 또 하나의 장점은 다른 정책금융 방법에 비해 규모가 엄청나다는 점이다. 중소기업 정책자금의 연간 규모가 4조2,155억 원인데 비해 신용보증 규모는 연간 44조원에 달하므로 비교할 수 없을 정도로 크다. 그만큼 일반 중소기업이 활용하기가 쉽고, 한 기업당 지원받을 수 있는 규모도 다른 정책금융에 비해 훨씬 더 크다.

이제 신용보증의 장점에 대해 충분히 알았다. 그러면 어떻게 준비를 하고 이용해야 하나?

독자들이 알기 쉽게 카드로 작성해보자. 대표적인 신용보증기관인 신용보증기금(이하 '신보'라고 한다)과 기술신용보증기금(이하 '기보'라고 한다)의 신용보증을 요약한다.

기술혁신형 기업은 기보에서 일반기업은 신보에서

〈카드 11〉에서 보듯 신보와 기보 간 보증전담 영역이 구분되어 있다. 기보는 기술력이 우수한 기업을 담당하고, 신보는 일반 중소

O '신보'와 '기보'의 전담 보증영역 구분

구 분	전담기관
① 벤처기업, Inno-Biz 기업	기보에서 전담
② 창업 5년 이내 기술혁신선도형 기업	기보에서 우선 보증
③ 일반 보증(비신기술사업자 보증)	신보에서 전담
①, ②, ③에 해당되지 않는 기업	신보, 기보 모두 보증 가능

O 동일 기업에 대한 보증한도
• 매출액과 자기자본의 3배 중 적은 금액 이내로 최대 30억원('신보'와 '기보' 보
  증금액을 합산)

O 보증의 종류
• 주로 금융기관의 대출에 대한 보증이며, 이 외에도 지급보증, 회사채, 어음, 시
  설대여, 전자상거래채무에 대한 보증도 제공

O 부분 보증
• 금융기관 대출금액의 약 85% 수준에 대해 보증
(2009.6.30까지 한시적으로 신규 보증기업에 대해 95% 보증)

O 보증료
• 0.5% ~ 3.0%
-기업의 신용등급에 따라 차등 적용되며, 보증기간, 보증금액, 부분보증 비율 등
  에 의해 가산됨

O 보증 신청 : 주된 사업장 소재지 관할 영업점

※ 보증 우대사항, 보증한도 예외, 보증의 종류, 보증료 산정, 신보 및 기보의 영업점 소재지
에 대한 자세한 정보는 신보(www.kodit.co.kr) 또는 기보(www.kibo.or.kr)를 참조

기업을 보증한다.

따라서, 신용보증을 이용하려는 중소기업의 최대 관심사항인 보증결정 기준 역시 신보와 기보가 다르다.

먼저 신보의 보증결정 기준을 요약하면 〈카드12〉와 같다.

신보의 보증심사 기준은 일반 금융기관의 심사기준과 대동소이하다. 신용평가 기준은 기업의 규모와 업종에 따라 달라진다. 신보의 대표적인 신용평가시스템인 CRS Credit Rating System 은 기업의 부도

| 카드 12 | 『신용보증기금』의 보증결정 기준

○ 보증대상 기업 요건
1) 사치, 향락, 사행, 부동산 투기와 관련 없는 업종일 것
2) 다음의 보증제한 대상이 아닐 것
　① 금융기관의 대출을 빈번히 연체하였거나, 현재 연체 중인 기업
　② 기업, 대표자 또는 실제경영자가 연체정보를 보유하고 있는 기업
　③ 최근 1년 이내 당좌부도 발생 기업
　④ 사업장 또는 거주주택에 압류, 가압류, 가처분, 경매신청 사실이 있는 기업
　⑤ 국세 체납 중인 기업
　⑥ 신용도가 취약한 기업(부채비율 등)

○ 보증 심사
• 신청기업의 신용상태, 사업전망 및 보증금액의 적정 여부를 종합적으로 검토
• 보증금액에 따른 보증심사 방법

보증 금액	1억원 이하	1억 ~ 10억원	10억원 초과
심사 구분	일반심사	심층심사	Hi-Plus 심사

가능성 예측이 주목적으로 재무모형과 비재무모형으로 구성되어 있다. 재무모형은 재무상태와 차입금 상환능력을 주로 측정하며, 비재무모형은 경영주, 사업내용 그리고 금융거래 건전도를 평가한다. 최종 신용등급은 재무평점과 비재무평점을 종합하여 결정되는데 재무평점의 비중이 훨씬 더 높다.

다음으로 기보의 보증결정 기준을 요약하면 〈카드13〉과 같다.

기보는 기술집약형 기업에 대해 주로 보증하므로 심사 역시 기술평가 중심이다. 1차로 BMBasic-Model기술평가표를 적용하여 평가등급이 기준등급 이상이면 다음 단계 기술평가인 KTRSKibo Technology Rating System를 적용한다.

신보와 기보 외에도 각 도 및 광역시마다 '지역신용보증재단'이 있어 상대적으로 규모가 작은 기업에게 신용보증을 제공한다. 다음 표는 2008년 말 현재 3개 보증기관의 보증금액을 보여준다.

신용보증 잔액 및 업체수				
	신 보	기 보	지역재단	합계
금 액(조원)	30.4	12.6	1.0	44.0
업체수(개)	193,978	41,673	12,344	247,995

※ 지역재단이 보증한 소상공인(2008년 말 현재 293,662개 업체에 4조9,720억원을 보증)을 제외함

| 카드 13 | 『기술신용보증기금』의 보증결정 기준

O 보증대상 기업 요건 : 신용보증기금과 동일

O 보증 심사
• 1차 BM(Basic-Model) 기술 평가
• 2차 KTRS(Kibo Technology Rating System) 기술 평가

기술평가지표(KTRS)

대 항 목	중 항 목	평 가 항 목
경영주 기술능력	기술경영 능력	1. 기술 경험(지식) 수준
		2. 관리 능력
		3. 경영진 인적 구성 및 팀웍
기술성	연구개발 능력	4. 기술개발 추진 능력
		5. 기술·연구개발 투자 현황
	기술(제품)의 우수성	6. 기술 혁신성
		7. 기술 완성도
		8. 기술 확장성
시장성	기술(제품)의 시장성	9. 경쟁 상황
		10. 시장 형성
		11. 제품의 경쟁력
사업성 및 수익성	기술(제품)의 생산성	12. 제품화 능력 및 생산 능력
	운용 능력	13. 운용 능력
	기술(제품)의 영업능력	14. 마케팅 능력
	수익성	15. 수익창출 능력
		16. 수익 전망

3개 보증기관이 약 25만개 중소기업에게 44조원의 신용보증을 제공하고 있다. 정책금융 중에서도 신용보증이 중소기업에게 가장 큰 힘이 되고 있음을 확인시켜 주는 수치다.

불황에서 살아남는 금융의 기술

성장기업으로
탈바꿈하는 최선의 방법은?

중소제조업을 경영하는 구 사장에게 요즘 들어 고민이 하나 생겼다. 한 가지 생각이 머리 속을 꽉 채우고 잠시도 떠나지 않는다.

'또 자금문제겠지'라고 성급하게 판단하는 독자들도 있겠지만 이번에는 그 문제가 아니다.

구영훈. 45세. 바닥장식재 제조업 12년째인 중소기업 대표.

고등학교를 졸업하고 조그만 중소기업 두 곳에서 일했다. 처음에는 생산현장에서 일했고, 경력이 쌓이자 생산과 영업을 같이 맡았다. 평소 성실하다는 주위 평이 말해주듯 맡겨진 일을 불평 없이 열심히 처리했고, 납품처에도 신뢰가 쌓였다. 그런 신뢰감 하나로 나이 서른 셋에 창업을 하여 초기에는 어려운 시기도 있었지만 이제 사업이 자리를 잡았다.

자가공장을 일찌감치 마련하였고, 한번 더 공장을 이전하여 현재는 경기도 화성지역에 제법 큰 규모의 공장을 가지고 있다. 작년 매출은 100억원을 달성하였고, 이익도 어느 정도 나고 있다.

동종업계 사장들은 실속 있게 사업을 한다고 입을 모으고, 친구들은 알짜배기 회사라고 부러워하기도 한다. 중소기업이 자금에 여유가 있다고 하면 믿을 사람이 많지 않겠지만 어쨌든 구 사장은 자금문제로 고민을 해본 지가 몇 년은 되었다.

"그러면 도대체 뭐가 문제인 거지? 무슨 고민을 하는 거야?"

그 이야기를 지금부터 하려고 한다.

사업은 안정궤도에 올라섰다. 이익도 남들이 물으면 먹고는 산다고 대답하지만, 실제로는 매년 이익잉여금이 쌓이고 있다. 중소기업 사장들이 가장 많이 고민하는 자가공장 마련도 일찌감치 이루었고, 공장규모도 남부럽지 않은 정도다.

그럼 뭐가 문제인가?

구 사장의 고민은 성장이다. 사업을 더 키우는 것이다. 몇 년째 100억원 언저리를 맴돌고 있는 사업규모를 한 단계 높이고 싶은 욕심에서 생긴 고민이다. 먹고 사는 정도로 만족할 수 없다는 사업가 정신이 발동했다고나 할까?

사업가로 평생 살아왔는데 남들 보기에 성공한 사업가라는 소리는 들어야 되지 않겠냐는 게 구 사장의 고민의 뿌리다. 그러려면 매출 기준으로 최소한 200억원 이상은 되고, 코스닥 상장기업의 오너 정도는 되어야 비로소 남들에게 성공했노라고 떳떳하게 말할 수 있겠다는 게 구 사장의 생각이다. 물론 일반적인 기준이라고 주장할 생각은 전혀 없다. 구 사장 생각이 그렇다는 것뿐이다.

지금까지 내실경영에 치중했고, 그 덕분에 어려운 고비를 겪지 않았다. 대기업 납품 제의도 받았지만, 마진이 보장되지 않으면 정중하게 거절하였다. 대기업 납품만 믿고 수십억이 넘는 시설투자를 하였다가 몇 년 안 되어 어려움을 겪는 기업들을 여럿 보았기 때문이다.

그런데 이제 다시 성장에 대한 고민을 하게 되었다. 어느 때보다 더 진지하게.

'안정형 기업'에서 '성장형 기업'으로 변신하기

구 사장의 사업상황에 대해서는 충분히 파악하였으리라 생각한다. 사업내용에 대해서 더 자세히 말해줄 수도 있지만 독자들이 지루해할까 봐 이 정도로 생략한다.

물론 재무제표도 보여줄 수 있지만 숫자가 나오면 재미없어 할 독자들도 분명 많을 것이다. 자산규모 60억원, 자기자본 25억원, 종업원수 45명 정도로 대신한다. 5년 전에 구입한 자가공장을 시가로 평가하면 자기자본이 45억원 수준으로 늘어난다.

이제 구 사장의 사업에 대해 많은 것을 알게 되었으므로 지금부터는 우리가 구 사장의 입장이 되어 같이 고민을 해볼 차례다.

여러분이라면 어떤 해답을 줄 수 있는가?

"내실경영이 최고야. 괜히 욕심 내다가 사업이 위태로워질 수도 있어. 그 정도 사업이면 충분히 만족할 만한데…" 라는 대답은 적절하지 않다. 이 말은 오로지 성장만을 생각하고 있는 구 사장의 귀에 들어오지도 않을 테니까.

M&A라는 대답이 가장 먼저 들린다. 요즘 신문에서 가장 많이 나오는 단어 중 하나 아니던가? 다른 기업을 인수해서 사업을 키우는 것. 중소기업이 이 방법에 의해 단기간에 대기업 반열에까지 오른 성공사례도 드물지 않으니까.

멋있어 보이긴 하지만 너무 어려운 방법이다.

기업금융에서 가장 난이도가 높은 분야가 M&A다. 구 사장 수준에서는 M&A에 따르는 리스크를 정확히 파악하고, 인수가격을 손해보지 않게 결정하고, 인수대금 조달을 위한 금융방법 결정 등 어려운 문제가 한두 가지가 아니다. 외부의 M&A 전문가를 고용하는 방법을 제시하는 독자도 있는데, 그렇다고 복잡한 방법이 단순해지

불황에서 살아남는 금융의 기술

는 것은 아니라는 데 문제가 있다.

"매출을 늘리기 위해서는 납품처를 확대하는 길밖에 없지. 대기업을 뚫으면 단기간에 매출이 크게 증가하니까, 과감하게 대기업 납품을 확대하는 것이 가장 좋은 방법이다."

맞는 말이긴 하지만 이 또한 리스크가 있다.

국내 대기업에 PCB납품을 위해 100억원 이상을 투자하여 생산라인을 구축하였던 한 중소기업이 겪는 어려움을 옆에서 지켜본 적이 있다. 그 기업은 투자 이듬해인 작년 납품이 50% 늘었는데 매출액은 10%밖에 늘지 않는 황당한 경우를 겪었다. 이게 어떤 계산법이냐고 의아해하는 독자를 위해 설명을 덧붙이면 그만큼 납품단가가 깎인 것이다. 무지막지할 정도로.

대기업 납품을 뚫는 것도 어렵지만 무리하게 수주를 받아 거액의 시설투자를 하고 나면, 납품단가 인하 요구에 속수무책일 수도 있다. 이런 경우를 당하지 않는다는 보장이 없으므로 이 또한 리스크가 크다.

"대기업 납품이 문제가 된다면 남은 방법은 수출이다. 해외시장을 개척해서 매출을 늘리는 것이 성장을 위한 최선의 방법이다. 해외시장에서는 제값을 받을 수 있으니까."

아주 훌륭한 조언이라고 생각한다. 해외시장 개척에도 눈길을 돌렸다. 해외 전시회에 몇 년간 참여했고, 코트라kotra를 통해 해외시장 조사도 하였다. 비용과 인력이 적게 들면서 효과가 있을 것 같은 온라인 수출도 경기도에서 제공하는 'e-Trade 프로그램'을 이용하여 2년째 시도하고 있다. 그에 필요한 해외규격인증도 미국과 유럽 지역에 신청 중이다.

해외시장 개척은 현재도 힘을 쏟고 있는 중이다. 정부와 경기도의 지원제도를 최대한 활용하기 때문에 재정적인 부담은 크지 않지만 역시 한계를 느낀다. 해외 전문사이트와 전문잡지에 광고를 하고 이메일로 거래 제의서를 발송하는 다이렉트 마케팅을 한 결과 인콰이어리enquiry와 샘플요청은 많이 받았지만, 의미 있는 매출로 이어지는 경우는 없었다. 제품의 경쟁력이 부족한 것 아닌가 하는 생각이 들기도 한다.

M&A, 대기업 납품, 수출 외에 다른 좋은 해답을 제시할 독자는 없는가?

"중소기업이 성장하려면 뭐니 뭐니 해도 R&D가 가장 좋은 방법이다. 기업경영 전문가들이 흔히 말하는 '강소기업' 중에 연구·개발을 통하지 않고 성장한 기업이 어디 있는가? R&D가 뒷받침이 되는 강소기업은 매출 성장만이 아니라 이익도 보장이 되므로 가장 바람직한 기업성장모델이다."

정말 옳은 이야기다.

여기에 이의를 제기할 사람이 누가 있겠는가? 구 사장도 R&D 투자를 생각 중이다. 이를 통해 신제품을 개발하면 수출도 한결 쉬워질 테니까 R&D 투자가 성장의 지름길인 것은 맞다.

R&D 투자 통한 '강소기업'으로 거듭나기

R&D 투자를 해야겠다고 결정을 하고서도 고민은 끝나지 않는다. 무엇을 어떻게 투자하느냐가 또 문제다. 연구·개발이란 결국 사람이 하는 일이니까 유능한 개발자를 채용하면 되지 않느냐고 쉽게 말하는 사람도 있지만 말처럼 쉽지 않다.

유능한 개발자란 누구를 말하는가? 플라스틱 소재 분야 혹은 건축자재 분야의 박사학위 소지자? 또는 소재 관련 연구기관에서 10년 이상 연구한 선임급 연구원? 그런 자격과 경력이 있는 사람들을 두세 명 채용해서 제품개발을 맡겨만 놓으면 몇 년 안에 성과가 나올까?

상장기업 사장인 구 사장의 한 친구는 산·학·연을 추천한다. 정부연구기관 또는 대학교에 연구과제를 위탁하고 개발비를 지불하는 것이 자체 개발보다 개발비용이 적게 든다는 것이다.

그러면 어떤 기술, 어떤 제품을 개발해 달라고 위탁을 해야 하는가? 지금까지 생산과 거래처 관리, 그리고 직원관리에만 매달려온

구 사장은 어떤 제품을 개발해야 할지에 대해서도 아이디어가 없다.

유능한 개발자를 채용하든, 외부기관에 개발을 위탁하든, 먼저 어떤 기술을 개발할지가 정해져야 하는데 이것 또한 결정하기 어려운 문제다.

누군가는 R&D 기획을 외부에 맡겨보면 어떻겠느냐는 조언을 했다. 무엇을 연구·개발할 것인가에 대한 연구를 또 돈을 들여 위탁한다는 생각에 황당하기도 했지만 다시 생각해 보면 일리가 있어 보인다. 큰 돈을 들이는 R&D라면 계획부터가 중요할 테니까 그에 대한 투자 역시 낭비는 아닐 것이다. 다만 R&D를 시작도 하기 전부터 비용을 들인다는 것이 선뜻 내키지 않는다.

구 사장의 고민에 대한 이야기는 여기까지다.

이제 여러분이 해답을 찾아서 구 사장에게 제시해야 할 차례다. 어떤 좋은 아이디어를 알려줄 것인가? 잠시 책을 덮고, 아니면 눈을 지그시 감고 10분 정도 생각에 잠겨도 좋을 것 같다. 그리고 노트를 펼쳐서 자기의 생각을 정리하면 그럴듯한 사례공부가 되지 않을까? 사업을 하고 있거나 사업을 꿈꾸고 있다면, 혹은 금융기관의 기업 금융 분야에서 일하고 있다면 이와 유사한 상황에 직면하게 되는 경우는 아주 많을 테니까.

물론 정답은 없다. 여러분이 노트에 적어 내려간 그 방안들이 모두 정답이 될 수도 있다. 나 역시 내가 아는 최선의 방법을 구 사장에게 들려줬을 뿐이다.

내 이야기는 이랬다.

일반적으로 R&D를 추진하는 것은 기획단계, 개발단계, 기관협력단계, 완료단계의 네 단계로 구분된다. 이 네 단계 중 구 사장처럼 전통 제조업을 하다 성장기업으로 전환하기 위해 R&D투자를 하려는 기업이 가장 큰 어려움을 겪는 것은 기획단계다.

R&D 기획에서 가장 중요한 요소는 어떤 제품을 개발할지를 결정하는 것이다. 개발할 제품을 결정하기 위해서는 기업 내부역량은 물론 산업동향과 전망, 제품의 시장전망을 정확히 예측해야 하는데, 전문인력과 정보가 전혀 없는 중소기업이 자체적으로 추진하기는 불가능하다. 기술과 시장분석에 대한 경험과 정보를 가진 전문가에게 위탁하는 것이 불가피하다.

개발할 제품이 결정되면 개발계획의 수립은 비교적 용이하다. 투입인력의 양과 질, 투자비용과 소요기간을 포함한 정확한 개발일정은 전문가의 도움을 받아 자체적으로 수립할 수 있다.

R&D 기획안이 완성되고 나면 개발을 추진할지 말지에 대한 판단이 한결 쉬워진다. 투입될 총비용과 개발에 따른 효과가 일목요연하게 제시되기 때문이다. 개발비용이 감당하기 어려운 수준이거나 개발성공 후의 모습이 만족스럽지 않으면 거기서 그치면 된다. 다만, 기획 수립에 투자된 외주비용만큼의 손실이 발생하는 것이

문제다. 그 손실을 감수할 생각이라면 어려워만 보이는 R&D의 첫 발을 내디딜 수 있다.

개별 기업의 R&D 기획 지원 사업

그런데, 구 사장에게 아주 기쁜 소식이 있다.

R&D 기획에 대해 정부가 지원하는 프로그램이 새로 생겼다. 〈개별기업의 R&D 기획 지원 사업〉이 그것이다. 비용의 75% 이내에서 3,000만원까지 정부가 지원한다. 기업이 750만원만 부담하면, 향후 5년 간의 제품개발에 대한 마스터 플랜을 확보할 수 있다. R&D의 가장 어려운 부분인 '개발과제의 탐색·선정'을 그 금액으로 해결할 수 있으니 구 사장에겐 희소식이 아닐 수 없다.

당연히 구 사장은 이 프로그램을 활용하기로 결정하고 준비에 착수하였다. 몇 달 간 지속된 고민이 정부지원 프로그램에 의해 해결의 실마리를 찾게 된 것이다.

여기서 특별히 강조하고 싶은 점이 있다.

이 프로그램이 2008년에 처음 도입된 시범사업이라는 점이다. 4월30일 공고되었고, 접수기간이 5월30일까지이므로 아직 많은 기업이 알지 못할 것이고, 따라서 경쟁률도 치열하지 않을 것이 예상

불황에서 살아남는 금융의 기술

된다.

구 사장과 같은 고민을 하는 중소기업 사장은 많다. 이런 프로그램이 알려지면 많은 기업이 신청을 하고, 따라서 경쟁이 치열하게 되어 자격을 충분히 갖추지 못한 구 사장의 경우는 선정되기 어려울 수도 있다. 그러므로 많은 사람들이 알아채기 전에 신속하게 준비하여 신청하는 것이 기회를 포착하는 좋은 방법이다.

남들보다 한 발 앞서 이런 프로그램이 있다는 사실을 알 수 있었기 때문에 구 사장은 상대적으로 쉽게 정부지원을 받을 수 있었다.

내가 강조하려는 요점은 이렇다.

〈정책금융〉을 활용하는 데 발품을 많이 팔수록 더 많은 도움을 받을 수 있다. 정부의 지원정책은 경제의 발전에 따라 계속 진화하고 새로운 프로그램이 계속 생겨난다. 프로그램이 도입되는 초기가 가장 경쟁률이 낮고 지원대상으로 선정될 가능성은 높다. 부지런한 사람이 떡 한 개 더 얻어먹는 격이라면 적절한 비유가 되려나?

새롭게 도입되는 중소기업 지원 프로그램을 남보다 일찍 아는 것이 중요하다.

직원수가 많지 않은 중소기업이라면 〈중소기업 지원 종합정보 서비스〉 사이트인 www.bizinfo.go.kr을 컴퓨터의 '즐겨찾기'에 추가하고, 일주일에 한번은 새로운 지원정책이 나왔는지 꼭 확인하기를 권한다.

정부의 중소기업 지원제도의 큰 윤곽은 연초에 발표되지만 그 후에도 예고 없이 새로운 지원제도가 생겨난다. 〈개별 기업의 R&D 기획 지원 사업〉이 좋은 예다. 부지런하게 발품을 파는 기업만이 그 혜택을 오롯이 누릴 수 있다.

Corporate Finance

창업자금 조달이
가능할까?

인간의 삶에서 근면과 부지런함은 아주 중요한 미덕이다. 동전의 양면처럼 게으른 자들은 항상 손해를 보기 마련이다. 이 진리가 정책금융의 활용에서는 더 빛을 발한다.

사업 아이템을 어렵사리 개발하고도 사업자금이 없어서 사업을 포기하려는 예비 창업자들에게도 이 진리는 그대로 적용된다. 부지런히 발품을 팔면 길이 보이기 때문이다.

사업자금을 조달하는 데 가장 어려운 시기가 창업 단계다. 창업이란 이제 막 사업을 시작하는 단계이므로 모든 것이 불확실하다. 창업자 자신이야 확신에 차 있지만 사업의 성공을 담보할 객관적인 근거는 어디서도 찾을 수 없다. 그나마 사업성공을 예측할 수 있는 근거라면 창업자의 능력과 사업 아이템의 잠재력 정도일 것이다.

그래서 창업자금 조달에 성공하는 경우는 창업자가 과거 큰 성공을 거둔 경력이 있거나, 사업 아이템의 성장 잠재력이 폭발적이라고 판단되는 경우뿐이다. 그런 경우 외에는 불확실한 사업상황에 돈을 대려는 사람은 없다. 은행도 다르지 않다. 사업전망이 불투명하여 빌려준 돈을 돌려받을 수 있을지 확실하지 않으므로 대출에 나서지 않는다.

그래서 미국의 기업금융 교재를 보면 한결같이 창업자금은 자기자본을 활용하는 것이 정석이라고 쓰여 있다. 그것이 바람직해서라기보다 달리 다른 조달 방법이 없기 때문일 것이다. 자기 돈이 부족한 사람은 부모님이나 형제, 친구 등 지인의 자금을 받을 수는 있는데 이것 역시 넓은 의미의 자기자본의 범주에 속한다.

여기까지는 교과서적인 이야기다.

교과서적이라는 말은 현실은 다를 수도 있다는 이야기다. 즉, 누군가는 불확실한 상황에서 손해 볼 각오를 하고 창업자에게 자금을 공여한다는 말이다.

그러므로 어렵게 사업 아이템을 발굴했는데, 그리고 그것이 성공할 가능성이 커 보이는데도 돈이 없어서, 또 가까운 주위에도 돈을 대줄 사람이 전혀 없어서 사업을 포기할 일은 아니라는 이야기다.

불황에서 살아남는 금융의 기술

그러면 누가 손실 위험을 무릅쓰면서까지 창업자금을 공여해 주는가?

눈치 빠른 독자라면 짐작을 했겠지만 리스크를 부담하며 자금을 공여하는 곳은 바로 정부의 정책금융이다. 창업을 적극 지원함으로써 국민경제의 활력이 커지고, 일자리가 새로 창출된다는 분명한 경제정책적 목적이 있기 때문에 큰 손실 위험을 감수하고 과감하게 자금공여를 한다.

창업자금은 원래 손실 위험이 크다는 이유로 정책금융에서도 기피의 대상이었다. 하지만 경제가 발전하면서 정책금융 역시 진화해 왔고, 앞으로도 그럴 것이다. 창업 활성화에서 생기는 긍정효과가 손실 위험보다 크다고 판단됨에 따라 창업자금이 새로 생겨난 것이다. 그 계기는 2005년 6월23일 발표된 '중소기업 금융지원체계 개편 방안'이었고, 2년여의 준비를 거쳐 2008년부터 본격적으로 시행되고 있다.

그 긴 역사에 대해서는 중간 생략을 하고 독자들이 원하는 결론으로 바로 들어가자.

창업자금을 공여하는 고마운 정책기관이 어디인가?

바로 신용보증기금이다. '신용보증기금 2008년도 경영목표'를 눈여겨보자.

○ 신용보증기금의 2008년 경영 목표

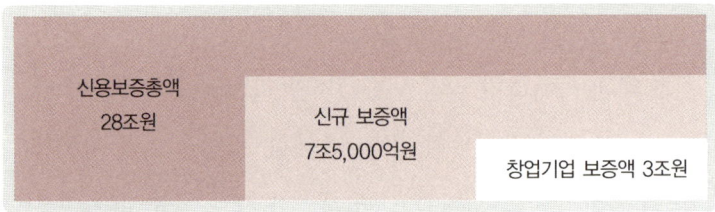

신용보증총액
28조원

신규 보증액
7조5,000억원

창업기업 보증액 3조원

○ 보증운용 방향
① 혁신형 중소기업에 대한 중점 지원
② 창업기업 중점 지원

　창업기업 보증액이 신용보증총액 28조원의 10%를 약간 상회하
는 금액이라고 얕잡아 보아서는 절대 안 된다. 기존 보증기업에 대
한 연장과 갱신을 제외한 신규 보증액이 중요한데, 그 중 40%라는
엄청난 부분이 창업기업 보증에 할애된다, 라고 해석해야 정확히
이해한 것이다.

　'보증운용 방향'의 두 가지 중 하나가 '창업기업 중점 지원'이
다. 무슨 말이냐 하면 창업기업 보증에 대한 최고 경영진의 의지가
확고하다는 이야기다. 2008년 사업계획에서 두 번째 우선순위를 차
지할 정도로 중요한 사업이다.

　최고 경영진의 의지가 강하므로 보증을 담당하는 실무자들 역시
창업기업의 보증에 적극적일 것임은 의심의 여지가 없다. 손실 위
험이 높은데도 적극적으로 보증을 취급할 거라는 사실을 위의

불황에서 살아남는 금융의 기술

'2008년도 경영목표'에서 분명하게 읽을 수 있다.

한마디를 덧붙이면, '보증운용 방향'의 최우선 순위는 '혁신형 중소기업에 대한 중점 지원'이다. 그러므로 '혁신형 중소기업을 창업'하는 경우라면 소위 말하는 '0 순위'에 속한다. 여기에 해당된다면 당장 신용보증기금에 달려가 창업자금을 신청할 일이다.

아직도 반신반의하는 독자들을 위해 경기도에 있는 '중부일보'의 2008년 5월21일자 기사를 인용한다.

"신용보증기금이 지난 3월 전국 9개 영업본부에 〈창업플라자〉를 개소한 가운데 2개월이 지난 현재 경기영업본부의 보증실적이 가장 높은 것으로 나타났다. 경기영업본부는 113명의 창업자에게 263억원의 보증을 지원했다. ········ 올해 〈창업플라자〉의 보증계획은 6,000억원이다."

여기서 〈창업플라자〉란 창업 6개월 이내의 기업을 보증하기 위해 신용보증기금이 2008년 3월 새로 만든 조직이다. 창업한 지 6개월도 안 된 기업에게 2008년에만 6,000억원을 보증한다. 기업당 보증금액이 2억원이라고 치면 3,000개의 갓 태어난 기업이 자금을 조달할 수 있다. 잘 알다시피 이제 막 탄생한 기업에게 2억원이란 아주 큰 금액이다. 이런 거금을 3,000개의 기업이 지원받을 수 있다니 놀

랍지 아니한가?

〈창업플라자〉의 올해 보증계획은 6,000억원이지만, 신용보증기금의 창업기업에 대한 신규보증은 3조원을 목표로 하고 있다. 여기서 '창업기업'이라 함은 창업 후 3년 이내 기업을 말한다.

결론은 창업 6개월 미만 혹은 창업을 준비중인 사람은 창업플라자를 활용하고, 6개월이 경과하였으나 아직 3년이 안 된 기업은 창업기업 보증을 활용하라는 것이다.

창업기업을 집중적으로 지원하겠다던 신보의 경영목표가 실제로 실행되었는지도 확인해 보자. 정부가 하는 일이 계획은 장밋빛으로 거창하게 떠들어 놓고 나중에는 용두사미로 흐지부지 되는 일이 한둘이 아니니까.

2008년 11월 말 현재 창업플라자를 통해 창업 초기기업에게 보증한 실적이 2,711개 기업에게 1,653억원이다. 여기에 더해 Credit-Line이 4,719억원 공급되었다. Credit-Line이란 창업기업이 향후 3년 간 매출이 증가함에 따라 추가로 필요한 자금을 필요할 때마다 인출할 수 있는 일종의 사전약정이다.

신보의 2008년 사업계획 중 창업기업 보증공급 목표는 6조8,000억원이었다.(앞에 나온 2008년 경영목표 중 창업기업 보증액 3조원은 신규보증 목표다.) 11월 말까지 5조7,256억원을 보증하였으니까 목표 달성률이 84%다. 연초의 계획이 소리만 요란한 빈수레는 아니었다

불황에서 살아남는 금융의 기술

고 평가해줄 만하다.

신보의 2009년도 사업계획을 보면 보증운용 방향 중 첫째가 '창업·혁신기업에 12.5조원 보증'이다. 창업기업에 대한 신보의 애정이 올해에도 식지 않을 것이라 기대해 봄직하다.

정부의 창업기업 지원정책 역시 진화를 거듭하고 있다. 매년 새로운 지원정책이 새로 생겨나므로 진화라 불러도 좋을 것 같다. 특히 2009년은 경기침체가 본격적으로 시작되는 시기이므로 일자리 창출을 위한 창업정책의 중요성이 더 커지고 있다. 일자리 창출에 가장 효과적인 정책이 창업 활성화니까 이런 추세는 향후에도 지속될 것이다.

중소기업청이 지난 2월 발표한 '2009년부터 달라지는 중소기업시책'의 내용 중 창업기업 지원 내용을 보자. 그 중에서 가장 눈에 띄는 것이 예비창업자 육성 및 발굴이다. 이를 위해 세 가지의 지원사업이 추진된다.

첫째는 우수 아이디어 상업화 지원이다. 사업비의 70% 이내에서 1인당 5,000만원까지 지원된다.

둘째, 실험실창업 지원으로 역시 1인당 2,700만원을 한도로 사업비의 70%까지 지원된다.

셋째는 예비기술창업 지원이다. 사업비의 70% 이내에서 1인당 지원한도는 3,500만원이다.

이들 사업에 대해 자세한 내용을 알고 싶으면 중소기업청 사이트 www.smba.go.kr에서 정책마당의 창업벤처지원을 클릭하거나, 중소기업 지원 종합정보 서비스www.bizinfo.go.kr에서 정책분야별의 창업/벤처를 클릭하면 된다.

이 장을 끝내기 전에 정책금융을 활용하여 사업자금을 조달하려는 사람들에게 다시 한번 강조한다. '부지런하게 발품을 팔면 팔수록 더 좋은 조건의 정책자금을 내 것으로 만들 수 있다'는 교훈을 꼭 명심하라.

CORPORATE
FINANCE

제 · 3 · 장

사업계획서, IR, 프리젠테이션의 기술

사업계획서가
꼭 필요한가?

한 조찬 간담회에서 명함을 교환했던 중소기업 사장이 내 사무실을 방문하였다. 편의상 그를 김 사장이라 부르기로 한다. 김 사장은 자리에 앉자마자 사업 이야기를 시작한다.

"저희가 이번에 아주 획기적인 기술을 개발했습니다. LCD패널 뒷면에 들어가는 편광렌즈를 개발했는데 성능이 외국제품보다 뛰어나면서 가격은 50% 이상 싼 제품을 개발했습니다.

일반적으로 LCD 뒷면의 BLU Back Light Unit에 쓰이는 렌즈는 빛을 모아주는 성능이 50%밖에 안 되기 때문에 하나만 설치해서는 성능이 안 나오고 같은 렌즈를 세 겹으로 설치해야 합니다. 저희가 개발한 것은 하나만으로도 같은 성능이 나오므로 원가도 저렴하고, 두께가 얇아서 LCD 패널의 두께와 무게를 획기적으로 줄일 수 있습니다.”

청산유수처럼 이어지는 기술과 제품설명이 10여 분 간 계속된다. 질문할 틈을 조금도 주지 않고.

처음 몇 문장을 들었을 때까지는 이해가 되었다. LCD에 대해 아는 지식이 거의 없지만, 두께가 얇아지고 무게가 가벼워지는 기술이라면 사업성이 뛰어날 거라는 생각이 든다. 그 정도는 상식적으로도 판단이 가능한 거니까. 그러나 더 깊이 있는 설명과 기술에 대한 이야기는 거의 이해가 되지 않는다. 그리고 차츰 상대방의 설명에 대한 집중력이 떨어지기 시작한다.

10여 분 간 숨도 쉬지 않고 이어지던 설명이 마무리 되자마자 내가 던진 첫 마디는 이거였다.

“혹시 사업계획서 가져오셨으면 좀 보여 주시겠어요?”

김 사장은 잠깐 내 얼굴을 쳐다보더니 대답한다.

“사업에 대해 중요한 사항은 지금 다 말씀 드렸는데요. 궁금하신 점이 있으면 얼마든지 더 설명 드리겠습니다. 사업과 기술에 대해서는 제가 완벽하게 파악하고 있으니까요.”

사업내용이 자신의 머리 속에 다 들어 있으니까 말만 하면 즉석에서 답변할 수 있는데 별도의 사업계획서가 무슨 필요가 있느냐는 말이다. 거창하게 만든 사업계획서를 보자고 하는 것은 너무 형식

불황에서 살아남는 금융의 기술

에 치우친 거 아니냐는 생각도 담겨 있다.

사업계획서는 벤처기업만 필요하다?

대다수의 중소기업 CEO들의 사업계획서에 대한 생각은 이런 것 같다.

'벤처투자를 받기 위해 필요한 것이 사업계획서다.'

아울러 또 다른 생각은

'은행에 대출 받으러 가는데 사업계획서를 들고 갈 필요는 없다. 은행대출 담당자 앞에 사업계획서를 내놓으면 오히려 이상하게 생각할 것이다.'

맞는 생각인가?

천만의 말씀이다. 아주 잘못된 생각이다. 왜 그런지 이해가 안 된다는 사장님들께 네 가지의 질문을 하겠다. 물론 어려운 질문이 아닐 뿐더러 어떤 함정을 파놓고 하는 질문도 아니니까 긴장을 풀고 가볍게 대답해도 좋다.

"투자유치하는 데는 사업계획서가 있어야 하나요?"

너무 쉬운 질문이니까 금방 대답이 나올 것이다.

"당연히 사업계획서가 필요하죠."

"투자유치하는 데 왜 사업계획서가 필요하죠?"

이것 역시 쉬운 질문이다.

"투자하려는 사람은 우리 회사의 사업에 관심이 있잖아요. 그러니까 사업내용을 설명하는 사업계획서가 있어야죠."

정답을 이야기했다. 그러면 세 번째 질문이다.

"투자하려는 사람은 사업에 관심이 있고, 대출해주려는 사람은 사장님 회사의 사업내용에 관심이 없나요?"

아마 이 질문에는 쉽게 대답이 나오지 않을 것이다.

대출이나 보증을 받는 데는 사업계획서가 필요 없다?

다시 한번 생각해 보자.

투자유치를 위해 사업계획서가 필요하다는 데 이의를 제기할 사람은 없다. 그러면 대출 혹은 융자를 위해서나 보증을 받기 위해서는 사업계획서가 필요할까, 아니면 없어도 무방할까?

융자를 하거나 보증을 위해 의사결정을 하는 사람도 대상기업의 사업내용에 대해 당연히 관심이 있다. 있다는 정도가 아니라 아주 크다. 그러니까 사업계획서가 필요하다.

은행대출을 받는데 사업계획서가 필요하지 않다라는 일반적인 생각은 은행대출의 특성 때문에 생겼을 것으로 짐작된다. 은행의 대출 결정은 물적 담보를 최우선적으로 고려하여 판단한다. 가계대출이건 기업대출이건 아니면 또 다른 형태의 대출이건 못 갚았을 때를 대비하여 충분한 담보를 확보하는 것이 최우선이다.

그러므로 은행 담당자가 가장 관심을 두는 것은 물적 담보가 충분한지, 즉 담보의 종류가 무엇인지, 그것의 시장가치가 얼마이고, 향후 이 시장가치에 큰 변화가 없을 것인지 등이다. 나아가 신속하게 팔려서 현금화가 쉽게 될 것인지, 사후에 법적으로 담보권을 행사하는데 장애요소는 없는지를 다각도로 점검한다. 그리고 문제가 없으면 대출을 실행한다.

이와 같은 대출심사 과정에 사업계획서가 끼어들 여지가 별로 없다. 가져 가더라도 형식적으로 훑어볼 뿐 관심을 가지고 이것저것 물어보는 일은 거의 없다. 사업내용에 별 관심이 없다는 말이다. 그래서 대출을 받는데 사업계획서는 필요하지 않다는 생각이 자리잡은 것으로 생각된다.

은행에서 신용대출을 받는 경우라면 상황은 달라진다. 담보가 없으므로 대출만기에 아무 문제없이 상환할 수 있을지를 꼼꼼하게 따져볼 것이다. 사업이 현재는 어떤지, 향후 성장할지 정체될지 아니면 퇴보할지에 큰 관심을 가질 수밖에 없다. 기술이 있는지, 매출처는 괜찮은지, 사양산업은 아닌지, 경영자는 능력과 성실성이 있는지, 재무구조는 튼튼한지 등등 수없이 많은 사업내용을 점검하고 또 확인하고 나서야 대출 결정을 내릴 것이다.

이런 수많은 사업내용을 말로만 설명하는 것보다 글로 정리하여 보여 주면서 설득하는 것이 훨씬 더 효과적이다. 글로 표현한 서류가 바로 사업계획서다.

앞에서 하기로 했던 네 가지의 질문 중 아직 하나가 남았다. 그 마지막 질문을 하겠다.

"투자가는 우리 회사의 사업내용에 관심이 있다고 했잖아요. 그러면 투자가를 만나서 사업내용을 구두로 설명하면 안 되나요? 사업계획서를 만드는 일이 번거롭고, 사업내용이야 사장님이 세세히 다 파악하고 있으니까 구두로 설명하기가 어렵지는 않을 것 같은데."

이 마지막 질문에 대한 대답도 시간이 많이 걸릴 것 같지 않다.

"무슨 말씀이세요. 말로만 설명하면 상대가 이해하기 어렵잖아요. 그러니까 사업내용, 전망, 기술력, 재무상황, 주요인력 등을 일목요연하게 정리해서 보여 주면서 설명을 해야 쉽게 이해를 할 것이고, 그래야 우리 회사에 대해 투자를 할지 말지 결정할 거 아니겠어요. 사업내용을 확실하게 이해하지 못한 상태에서 투자할 사람은 없을 테니까요."

정말 훌륭한 대답이고 정확한 지적이다. 더 이상 다른 말을 덧붙일 필요가 없다. 사업계획서, 즉 종이 위에 글로 써 내려간 사업에 관한 책자가 왜 필요한 지 확실하게 이해된다.

이제 김 사장처럼 뭐든지 물어보면 다 대답을 할 수 있는데 사업계획서는 무슨 필요가 있느냐고 이야기할 사람은 없을 것이다. 말로만 설명하면 사업내용을 이해하기 어려운 건 투자가뿐만 아니라 대출담당자, 보증담당자도 마찬가지니까.

벤처기업은 어려운 기술이나 첨단제품과 관련되기 때문에 사업계획서가 없으면 이해하기 어렵고, 일반 중소기업은 사업내용이 평이하기 때문에 구두로 설명해도 충분하다, 라고 생각한다면 아직도 사업계획서의 의미를 완전히 이해하지 못한 것이다. 사업계획서가 있으면 사업내용이 평이한 일반 중소기업은 훨씬 더 빨리 이해할 수 있다. 당연한 결과로 대출 혹은 보증 결정이 더 빨라질 것이고.

보는 것이 믿는 것이다

사업계획서는 선택이 아닌 필수과목이다. 사업계획서 없이 자금 공여자를 만나지 마라. 약속이 있는데 사업계획서가 준비되지 않았다면 다음으로 약속을 미루는 것이 낫다. 우연히 만나서 길 위에서 잠시 이야기 나누는 경우가 아니라면.

30여 분 상담을 해 봤자 헛수고가 될 가능성이 높다. 말로만 설명하면 당장 이해되는 것 같지만 5분도 못 되어 머릿속에서 사라진다. 마치 열심히 작업한 한글 파일을 저장하지 않고 종료한 것처럼.

자금조달을 위한 상담을 하면서 메모지에 열심히 메모를 하면서 듣는 사람을 보았는가?

아주 구미가 당기는 사업모델이 아니면 흔치 않은 광경이다. 연신 고개를 끄덕이며 관심을 표명하는 것 같지만 메모가 없으면 기억은 금세 사라진다. 간혹 메모를 하는 경우에도 어디에 메모를 하는지 눈여겨보시라. 자기만의 투자노트가 아니라 빈 종이에 끄적거리는 거라면 당신이 자리를 뜨자마자 책상 위에서 나뒹굴다가 쓰레기통으로 사라질 운명이 되기 쉽다.

얼마의 시간이 흐른 후 두 번째 상담을 하는 경우 첫 상담에서 설명한 내용들을 다시 처음부터 설명해야 하는 경우를 자주 접하는 것이 다 이런 이유 때문이다. 먼저 상담할 때 했던 메모를 보관하지 않았으니까 사업내용부터 기술수준까지 다시 설명할 수밖에 없다.

첫 상담 시 사업계획서를 가지고 갔으면 이야기는 달라진다. 사업계획서를 내밀면 그 위에 메모를 하고, 추가상담 시 그 연속선 상에서 상담이 진행될 테니까.

사업계획서가 필수라고 말하는 또 다른 이유는 시각이 청각보다 10배 이상 중요하다는 생물학적 사실과 관계가 있다. 사람은 청각으로 받아들이는 정보보다 시각을 통해 받아들이는 정보의 양이 10배 내지 20배 더 많다고 하니까. 게다가 듣기만 해서는 기억이 오래 가지 않는다. 보는 것이야말로 기억의 원천이다. '백문이불여일견

(百聞而不如一見)'이라는 오래된 격언이 자금상담에서처럼 잘 들어 맞는 경우도 흔치 않다. 사업계획서를 앞에 펼쳐 놓고 눈으로 보면 서 그 내용에 대한 설명을 귀로 들어야 사업내용을 빨리 이해할 뿐 더러 오래 기억하게 된다.

사업계획서 작성하기

　자금조달 상담의 필수품인 사업계획서를 어떻게 작성할 것인가? 이에 대한 답을 쉽게 얻을 수 있는 방법은 사업계획서가 왜 필요한가를 생각해 보는 것이다.

　사업계획서는 우리 회사의 사업내용을 상대방이 쉽게 이해할 수 있도록 도와주는 도구다. 달리 표현하면 사업가가 알고 있는 사업내용을 자금공여자에게 전달하는 커뮤니케이션 매개체다. 그러므로 사업계획서는 '자금공여자가 알고 싶어하는' 사업내용을 담아야 한다.

　자금공여자 중에서도 투자가와 대출 또는 보증 공여자는 관심사항에 차이가 있다. 정책금융 공여자 역시 관심사항이 또 다르다. 그러므로 자금공여자가 누구인지에 따라 사업계획서의 주된 내용이 달라져야 한다.

사업계획서 작성요령에 대한 자세한 설명은 생략하기로 한다. 서점에 가면 이에 대해 친절하게 —때로는 지겨울 정도로 자세하게— 설명하는 책들을 쉽게 구할 수 있기 때문이다.

그 대신 경험이 많지 않은 사람들이 흔히 범하는 실수 한 가지만 지적하겠다.

사업계획서 작성요령에 관한 책을 보면 어떻게 구성할 것인지, 즉 목차에 대해 나오고, 이어서 각 소제목의 내용으로 무엇을 담을지와 어떻게 표현할지가 상세하고도 쉽게 설명되어 있다. 그 책에 나오는 대로만 작성하면 모범적인 사업계획서가 완성된다. 여기에는 아무 문제가 없다. 제대로만 하면 바람직한 사업계획서를 만들 수 있다.

문제는 이런 작성요령을 생략한 채 멋있어 보이는 사업계획서의 샘플을 골라 바로 베끼는 데서 생긴다. 인터넷 사이트를 검색하면 잘 만들어진 사업계획서 샘플들을 쉽게 찾을 수 있다. 그 대부분은 화려한 색상과 도표와 부호들로 치장되어 있다. 외관을 세련되게 구성하는 것이 잘못된 것은 아니다. 시간과 에너지가 많이 든다는 것 말고는.

이 샘플은 우리 회사와 판이하게 다른 성격의 기업이 우리와 다른 용도로 만든 사업계획서라는 데 문제가 있다. 표본으로 제시된 사업계획서의 대부분은 벤처기업의 사업계획서이고, 투자유치를 목적으로 작성된 것들이다.

투자가들이 투자기업을 선택할 때 가장 중요하게 고려하는 요소는 '이 기업에 투자하면 대박이 날까?'이다. 그러기에 투자유치를 하려는 기업은 사업의 성장성을 강조할 수밖에 없고, 심하게 과장하는 경우도 드물지 않게 볼 수 있는 이유다. 매출이 작년은 10억원인데, 올해는 30억원, 내년은 100억원으로 매년 3배씩 뛰는 다소 황당한 사업계획이 한둘이 아니다. 이 정도 성장을 하려면 사업 아이템이 특별해야 할 뿐더러 기술이 뛰어나야 하고, 시장이 빠른 속도로 성장해야 한다.

이런 사업계획서의 틀에 전통제조업을 억지로 밀어 넣으면 어떤 모습이 될까? 아마 아버지의 옷을 몰래 꺼내 입은 중학생의 모습이 아닐까? 자신의 본래 모습을 상대방에게 전달할 수 없는 그런 모습. 순수한 눈동자, 탄력적인 피부와 근육처럼 자신의 장점은 외관에 가려질 것이 틀림 없다.

결정적인 문제는 이것이다.

은행이나 보증기관같이 융자 형태로 자금을 공여하는 경우 자금 공여자의 1차 관심은 성장성보다는 안정성이다. 그들은 만기에 아무 문제없이 제대로 상환할 수 있을 것인지를 판단한다. 즉 상환능력이 가장 중요한 의사결정 기준이다.

가령 향후 3년 간 매출이 매년 두 배씩 증가하는 사업계획을 제시했다고 하자. 그런 성장은 시설투자를 어마어마하게 하든지, R&D에 올인하든지, 아니면 다른 기업을 인수하든지 하지 않고서는 불가능하다. 당연한 결과로 사업이 극히 불안정해질 것이고, 은행이나 보증기관 담당자는 상당히 부정적인 평가를 할 것이 틀림 없다.

더 큰 문제는 사업계획을 지나치게 과장하면 신뢰감을 잃게 된다는 점이다. 전통 제조업이 향후 3년 간 매년 50%씩 성장하는 사업계획을 제시한다면 자금공여자는 의심을 품게 되고, 이 의심은 다른 사업내용에까지 확산될 가능성이 크다. 이런 사업계획서야말로 마이너스 효과를 가져오므로 없느니만 못 한 것이다.

꼭 명심할 점은 사업계획서나 IR Investor Relations 의 첫째 목적은 자금공여자에게 신뢰를 심어주는 데 있다는 사실이다.

사업계획서에 관한 몇 가지 오해와 진실

중소기업 사장들이 사업계획서에 대해 가지고 있는 잘못된 생각들 중 중요한 몇 가지만 지적하겠다. 사업계획서의 의미를 이해하기만 하면 금방 잘못된 점을 알아차릴 수 있는데도 이런 그릇된 인식이 상당히 뿌리 깊이 자리잡고 있는 것을 자주 보게 된다. 이번 기회에 사업계획서에 대해 다시 한번 생각하고, 그 장점을 충분히 활용할 수 있는 계기가 되길 기대한다.

사업계획서는 창업기업이나 신사업을 추진하려는 기업만 필요하다?

창업기업도 아니고, 신규사업 분야에 진출할 계획이 없으면 사업계획서가 필요하지 않다고 생각하는 사장들을 만나면 묻곤 한다.

"올해 사업계획을 세우지 않으셨나요?"

물론 세우지 않은 사람도 있을 것이다. 사업내용이 아주 단순하고 사업계획대로 진행되지 않을 것이 뻔한데, 귀중한 시간을 낭비할 필요가 없다고 생각할 수도 있으니까. 그러나 돌아오는 대답은 언제나 똑같다.

"예, 매년 초에 사업계획을 세웁니다."

왜 사업계획을 세우지 않았는데도 세웠다고 대답할까?

아마 두 가지 이유일 것으로 짐작된다. 혹시 사업계획을 세우지 않는다고 하면 계획성 없는 경영자로 비치지 않을까 하는 우려가 첫째다.

둘째는 새로운 사업분야에 진출하지는 않지만, 자금상담을 하러 온 것은 기존사업이 커지든지, 매출처가 늘었든지, 사업 아이템이 추가되든지, 어떤 이유로든 사업에 변화가 있기 때문일 것이다. 사업에 변화가 있는데도 거기에 대해 계획을 세우지 않았다고 하면

불황에서 살아남는 금융의 기술

주먹구구식 경영을 하는 것으로 비칠 것을 우려하여 "사업계획을 매년 세웁니다"라고 대답했을 것이다.

창업기업이 아니고 신규사업에 진출하지 않더라도 매년 사업계획을 세우는 것이 바람직한 경영이다. 그 사실을 안다면 사업계획서 없이 자금조달 상담을 할 때 상대방이 어떤 인상을 받을지 쉽게 판단할 수 있다.

사업전망이 좋지 않은 사업계획서는 오히려 부정적인 영향을 미친다?

"사업전망이 좋은 기업과 좋지 않은 기업 중 어디가 자금조달이 쉬울까?"

어리석은 질문에 대한 대답은 당연히 전자다. 이런 우문을 던진 이유는 자금조달이 안 되는 원인이 사업전망이 나빠서지 사업계획서 때문이 아니라는 사실을 상기시키기 위해서다.

다음과 같이 질문을 바꿔야 의미 있는 질문이 된다.

"사업전망이 좋지 않은 기업이 자금조달 상담을 하는데, 사업계획서를 가져가는 경우와 가져가지 않는 경우 어느 쪽이 자금조달에 성공할 가능성이 더 높을까?"

머리를 갸우뚱하며 쉽게 대답을 못하는 사람들은 이런 오해를 하고 있는 거다.

"좋지 않은 사업전망을 구태여 보여주면서 이실직고할 필요가 있을까?"

그 심정은 잘 알지만 보여주지 않는다고 해서 자금공여자가 모르고 지나갈 거라고 생각한다면 상대를 과소평가한 거다. 최종 결정을 내리기 전에 그들이 하는 일은 융자의 만기 이전에 기업에 무슨 문제가 생기지 않을지를 점검하는 것이다. 즉, 사업과 관련한 리스크를 샅샅이 확인하는 작업이 바로 심사과정이다.

감추고 있다가 심사과정에서 드러나면 신뢰감마저 떨어져 자금조달 가능성은 아주 희박해진다. 더 큰 문제는 사업상황이 호전된 뒤에도 한번 잃은 신뢰는 좀처럼 회복되지 않는다는 사실이다.

최선의 방법은 사업을 잘해서 사업전망을 좋은 방향으로 바꾸는 것이지만, 차선의 방법은 부정적인 전망에 대해 기업이 대응책을 수립하여 노력하고 있고, 조만간 개선이 이루어질 것이라는 점을 설득하는 것이다.

이런 대응책을 담은 사업계획서를 보여준다면 신뢰감을 얻을 수 있기 때문에 사업계획서 없이 상담하는 경우보다 성공 가능성이 높아질 것이다.

중소기업들이 잘 모르는 사실 하나를 이 자리에서 공개하면 이렇다.

은행대출 담당자, 보증기관 담당자 혹은 정책금융 담당자는 장래의 화려한 계획보다 기업의 현재 상황에 더 관심이 크다. 미래의 장밋빛 계획은 불확실한 요소이므로 여기에 근거하여 의사 결정하는

불황에서 살아남는 금융의 기술

데 따른 위험성을 잘 알고 있기 때문이다. 그러므로 사업계획서를 작성할 때 불확실한 미래에 대한 그림을 그리는 데 들이는 노력을 줄이고, 과거 실적과 현재의 기업상황을 상세히 보여주도록 노력하는 것이 더 낫다.

잘 만들어진 사업계획서가 아니면 없느니만 못 하다?

"잘 만들어진 사업계획서를 보면 어떤 인상을 받으세요?"

라고 누가 나에게 묻는다면 이렇게 대답할 것 같다.

"잘 만들어진 사업계획서를 보면 '계획성 있는 사업가구나'라는 인상을 받습니다. 그리고 '이 사업을 위해 충분히 검토하였구나'라는 생각이 듭니다."

잘 만들어진 사업계획서는 그 사업가의 경영능력, 특히 관리능력이 우수하다는 무의식적인 평가를 내리게 한다. 사업계획서는 이런 간접 커뮤니케이션 수단이 되기도 한다.

여기서 '잘 만들어진'이란 말의 뜻을 정확히 아는 것이 중요하다. 많은 사람들이 화려한 색상, 도표, 부호로 치장된 멋있어 보이는 사업계획서를 잘 만들어진 것으로 혼동하는 것 같기 때문이다. 그래서 잘 만들려면 이 분야의 전문가에게 돈을 주고 맡겨야 되는 것으로 생각한다. 이것은 잘못된 생각이다.

경험이 없다면 '사업계획서 작성 어떻게 할 것인가'와 같은 제목의 책을 사서 거기서 일러주는 대로 직접 작성하면 된다. 거기에 나오는 내용들 중 우리 회사와 관련 없는 사항은 생략해도 아무 문제가 없다.

너무 번지르르한 외관을 가진 사업계획서는 왠지 믿음이 가지 않아서 불필요한 경계심만 불러일으킬 수 있다.

사업계획서라는 말이 부담이 된다면 회사소개서라고 불러도 좋다. 현재 하고 있는 사업내용과 앞으로 하려는 사업내용, 그리고 그것을 뒷받침하는 기술, 인력, 재무상황 등에 대해 간단히 설명하고 도표로 표현한 몇 쪽짜리 서류라도 좋다.

결론은 이렇다.

자금상담을 할 때 일목요연하게 정리한 서류가 있으면, 자금공여자는 더 쉽게 사업내용을 이해하고, 더 빨리 자금공여 결정을 내린다. 그러므로 아무리 간단한 내용이라도 자료로 보여주는 것이 말로만 설명하는 것보다 낫다.

전화로 상담 약속을 하는 사장님들에게 내가 꼭 부탁하는 말이 있다.

"사업계획서 있으시죠? 상담할 때 꼭 가져오세요. 사업계획서가 없으시면 회사소개서를 가져오세요. 그것도 없으시면 판촉용 제품 브로셔라도 가져오세요. 꼭요!"

Corporate Finance

말솜씨가 없어서 IR에
자신이 없는데

— IR 실패 사례에서 배우기 —

아침 간부회의가 끝나고 자리로 돌아오자마자 제일 먼저 다이어
리에서 오늘 일정을 확인한다. 순간 나도 모르게 이마가 찌푸러진
다. 오전 11시에 오기로 한 후배 때문이다.

며칠 전 전화가 또 왔다. 몇 번이나 찾아오겠다는 것을 이런저런
핑계로 미루었는데 대학교 서클 후배라는 정 때문에 끝내 약속을
하고 만 것이다. 와서 무슨 이야기를 할지 뻔하기에 벌써부터 신경
이 쓰인 것이다.

2년 전 이맘때쯤이었다. 내가 창업투자회사를 시작하고 채 두 달

이 되기 전이었으니까. 대기업에서 수출업무를 하다 나와서 벤처기업을 창업한 지 4년째인 후배 H에게서 연락이 왔다. 한번 찾아오겠다는 말에 흔쾌히 시간을 정했다.

다른 후배를 통해 들은 바로는 꽤 잘나가는 벤처기업이라고 하였다. 무선랜을 활용한 전화교환기를 개발했는데 매출이 터지기 시작했다는 것이다. 10개월 전 외국계 투자회사로부터 20억이라는 거액을 투자유치하였다니까 사업성은 인정받은 셈이라고도 하고.

"형, 그 친구 지분이 얼만 지 아세요? 투자 받고 나서도 30%가 넘는대요. 투자 받은 가격으로 기업가치를 환산하면 30억이 넘어요!"

다른 후배의 목소리에는 부러워 죽겠다는 생각이 묻어 난다.

찾아온 목적은 투자유치였다. 투자 받은 돈은 소진되었는데 신규사업 추진을 위한 자금이 필요하다는 것이다. 벤처 열기가 차갑게 식어 투자가를 찾기가 쉽지 않은 상황이었다.

10억원만 투자해 주면 신제품 개발 완성, 매출 급증, 코스닥 상장으로 2년 안에 대박을 내주겠다고 했다. 투자환경을 감안하여 투자배수도 5배로 낮추고. 투자하겠다는 기관은 있는데 나에게 투자를 받으면 경영간섭도 적고, 향후 코스닥 상장에서도 도움을 받을 수 있을 것이기 때문에 좋은 조건을 제시한다는 거였다.

시원시원한 설명과 자신감 넘치는 어투 그리고 성공 가능성이 높은 사업모델. 이제 투자결정만 내리면 되는 거였다. 본격적인 매출이 터지기 직전이므로 투자 시점도 가장 적절한 타이밍이었고. H의 사업설명을 듣고 난 뒤 나는 그렇게 생각했다.

담당 심사역을 정해서 투자검토를 시작하였다. 투자검토를 속도감 있게 진행하라는 말도 덧붙였다.

3주 후 담당 심사역의 검토결과 보고는 의외였다. 내 생각과 너무 큰 차이를 보였기 때문이다. 시장의 경쟁이 치열하고 H의 회사가 치고 들어갈 여지가 크지 않다는 거였다.

"이미 매출이 발생하기 시작하였고 수요처의 반응이 뜨겁다던데."

라는 내 말에 대한 심사역의 대답은 당황스럽기까지 하였다.

"그게 제일 큰 약점입니다. 작년 하반기에 매출이 발생한 건 맞습니다. 제법 큰 회사에서 사내 무선교환기를 이 제품으로 바꿨습니다. 그 회사에 제가 아는 후배가 있어 알아 봤더니 성능이 만족스럽지 않다는 거예요. 큰 결함은 없지만 외국산에 비해 성능이 많이 떨어진다니까요. 그 회사의 구매담당 상무가 곤란한 입장이랍니다."

설상가상으로 회사의 핵심기술인력인 연구소장이 대우에 불만을 품고 연구원 두 명과 함께 경쟁사로 이직하려 한다는 업계 소문까지 덧붙였다.

나는 즉시 H에게 전화를 걸어 심사역의 조사내용을 전했다.

"형, 그건 경쟁사가 우리 회사를 흠집 내려고 퍼뜨린 헛소문이라구요. 핵심인력 이탈은 전혀 없어요."

납품받은 기업의 불만과 납품중단에 대해서는 이런저런 이유를 들어 부인하였다. 약간 혼란스러웠지만 이런 경우 담당 심사역의 의견을 따르는 것이 대표이사로서 바람직한 의사결정이다.

"담당 심사역이 부정적이니까 당장 투자할 수는 없고 좀더 지켜보자. 신제품이 곧 나온다니까 그때 가서 다시 투자검토시키도록 할게."

H의 목소리가 다급해지는 것이 느껴진다.

"형, 신제품 나와서 팔리기 시작하면 더 큰 창투사들이 서로 투자하겠다고 덤벼들 텐데. 그때는 투자배수도 두 배 이상 올라갈 거고."

"그거야 할 수 없는 거지."

"그러지 말고 배수를 좀더 낮추면 어떨까요? 4배수로 하면. 신제품 개발은 끝났는데 외주가공비가 필요해서 그러는 거예요. 그래서 신속하게 결정하는 조건으로 배수를 낮추겠다는 거죠."

'이건 아니다'는 생각이 강하게 솟는다.

"알았어. 다시 검토하라고 할게. 너무 기대는 마."

그렇게 투자검토는 기각으로 결정 났고 H는 한동안 연락이 없었다. 외국사가 수입제품 가격을 크게 인하하는 바람에 매출이 뚝 끊기고 회사는 어려워졌다는 소식만 다른 후배를 통해 들려왔다.

한동안 조용하던 H가 나를 다시 방문한 것은 그 일이 있고 나서 대략 1년이 지난 시점이었다.

역시 기막히게 좋은 사업모델을 개발하였으니 투자하라는 프리젠테이션이 있었다. 자금만 투입되면 한두 달 이내로 매출이 발생되고 다음해는 매출 100억원을 넘기는 환상적인 사업계획서를 펼쳐 보이면서.

지난번에 대박날 거라고 프리젠테이션한 사업이 어떻게 결말이 났는지에 대해서는 한마디 언급도 없었고.

좀 두고 보자는 말로 거절하였다. 사업모델은 가능성이 있어 보였지만 이번에는 심사역을 지정하여 검토시키는 일조차 하지 않았다. 지난번의 경험으로 신뢰가 바닥까지 내려간 때문이었다.

그리고 다시 1년 만에 연락이 온 것이다.

H는 정확히 11시에 도착하였다.

"잘 지냈냐?"

"예, 정말 바쁘네요. 여러 곳에서 만나자고 난리예요. 형 만나고 바로 가야 돼요. 2시 미팅이니까 점심 간단히 먹고 출발해야겠어요."

'그래 정말 바쁘겠지. 돈 구하러 다니느라고.' 라는 말이 목구멍을 간질거렸지만 오랜만에 만난 후배인데 참을 수밖에. 대신 맘에 없는 말이 튀어나온다.

"요즘 사업 잘되나 보다."

"예. 작년 하반기부터 개발하기 시작한 거 있잖아요. 아주 대박
날 거 같아요. 시제품 가지고 몇 군데 갔더니 깜짝 놀라더라구요.
지금까지 없던 전화교환기 솔루션이니까 다들 놀라는 것도 무리가
아니죠. 지금 삼성하고 이야기 중인데 납품만 이루어지면 10배수
투자 받는 건 일도 아니죠. 형도 투자하려면 하세요. 지금 하면 그
반 가격에 드릴게요."

자신만만한 말투의 청산유수가 쏟아진다.

'삼성에 납품이 된다면 그럴 수도 있겠지. 그게 쉬운 일이 아니
니까 문제지. 그리고 다른 창투사에서 10배 준다는데 나한테 50%
할인해서 준다고? 눈물나게 고맙구나.'

개발했다는 제품에 대한 본격적인 이야기를 꺼내기도 전에 속으
로 콧방귀부터 뀌고 있다. 빨리 끝내고 밥이나 먹으러 가야겠다는
생각뿐이다. '그 집이 이 동네에서는 제일 낫지. 청국장 맛이 어릴
적 먹었던 어머니 손맛 그대로야.'

내 맘을 아는지 모르는지 H는 가방에서 또 하나의 사업계획서를
꺼내 펼친다. 또 한 시간여의 기나긴 프리젠테이션이 시작될 것이다.

점심을 일찍 끝내고 사무실로 와서 다음 일정을 확인한다. 3시에
또 다른 벤처기업 사장과의 미팅이 있다. 벤처거품은 꺼졌지만 벤
처사업을 시작하는 모험가들은 끊이질 않는다.

정말 좋은 사업 아이디어, 이를 뒷받침할 기술개발 능력을 확보하고 나서 벤처사업가의 길을 나서지만 사업 성공까지의 길은 멀고도 험하다. 그 험한 여정에서 끝까지 살아남기 위한 필수요건인 자금조달을 위해서는 IRInvestor Relations을 제대로 실천하는 것이 중요하다. 3시에 만나기로 한 사업가는 IR에 대해 어떤 생각을 가진 사람일까?

H에 대한 생각을 떨쳐 버리려 창가로 가서 저 아래 선릉을 바라본다. 4월 중순의 선릉은 화려함 그 자체다. 선릉숲을 뒤덮고 있는 하얀 벚꽃의 자태는 눈부심을 넘어 요염하기까지 하다. 야근하면서 내려다 보는 벚꽃숲이 소복 입은 여인네의 기괴스러움을 풍긴다면 밝은 대낮의 순백으로 뒤덮인 숲의 모습은 숨이 막히도록 화사하다. 13층에서 내려다 보는 저 꽃바다를 누가 죽은 자의 안식처라 생각하겠는가?

계절의 감회에 젖는 것도 잠시뿐. 다시 현실로 돌아온다. 나를 찾아 오는 벤처기업가들의 IR에 대해 생각한다.

말솜씨가 없어서 IR에 소질이 없다?

"나는 말솜씨가 없어서 IR에는 영 소질이 없다."

라는 말은 IR을 잘못 이해한 데서 나오는 말이다. IR과 말솜씨는 절대 비례하지 않는다. 어쩌면 정의 함수관계에 있지 않을 수도 있다.

처음 만난 사람과 이야기를 나눈다고 하자. 상대는 나에게 무엇인가를 팔려고 하거나 혹은 비즈니스 목적으로 나에게 접근하였다고 가정하자. 그 사람의 말솜씨가 현란하다면 여러분은 그가 제안하는 비즈니스에 더 쉽게 응할까?

그렇지 않다.

뛰어난 말솜씨에 넘어가 즉석에서 그러자고 대답하는 사람도 있을 것이다. 그들 중 대부분은 상대가 자리를 뜨고 얼마 되지 않아 후회하게 된다. 말솜씨만으로 설득하는 것은 오래 가지 않는다.

기업가들이 자금공여자를 만나는 것은 즉석에서 돈을 받아가지고 나오는 그런 종류의 만남이 아니다. 긍정적인 반응을 얻어냈다고 해도 그 후 조사와 심사라는 긴 과정을 거치고 나야 필요한 돈이 회사 통장에 입금된다.

뛰어난 언변으로 그 자리에서는 긍정적인 대답을 들었더라도 조사와 심사를 거치면서 그 생각이 바뀔 수 있다. 거래처 이탈, 벼랑끝에 몰린 자금사정, 경쟁사의 시장진입, 핵심인력의 이탈 등등 우리 회사의 약점을 잘 감추고 자금공여자의 긍정적인 판단을 끌어내는 데 성공하더라도 그것은 잠깐일 뿐이다. 진실은 오래지 않아 만천하에 드러나고 만다. 말솜씨만으로 하늘을 가릴 수는 없지 않은가?

진솔한 자세가 더 낫다. 그 편이 오히려 더 설득력이 있다. 단점과 약점을 인정하고 이를 극복하기 위해 노력하는 자세를 보여주는 쪽이 자금조달 성공에 가까워지는 길이다.

물어보지도 않았는데 미리부터 이런저런 문제점들을 고백할 필요는 없다. 투자를 검토하려는 의지마저 꺾을 필요는 없으니까. 그러나 상대가 질문하는 내용을 거짓으로 답변하고 적당히 넘어갈 것으로 생각한다면 큰 오산이다. 상대는 기업분석과 심사의 전문가들이니까.

이 말을 명심하라.

'IR이란 신뢰를 쌓아가는 과정이다.'

'IR을 하는 목적은 우리 회사에 대한 투자가의 신뢰를 한 단계 더 높이기 위함이다.'

투자 받을 조건만 갖추면 투자는 당연히 성사된다?

IR의 기술이란 투자 받을 자격이 있는 회사를 투자가에게 제대로 전달하여 투자유치하는 기술이다. 투자 받을 자격을 갖추면 당연히 투자 받는 거지 IR 기술이 왜 필요하냐고 생각하면 오해다. 투자 받을 자격이 있는 것과 투자가가 이를 100% 이해하는 것과는 다른 문제다. 사업을 하는 내가 알고 있는 만큼 투자가가 알도록 이해시키는 과정이 바로 IR이다.

IR의 기술이 화려한 말솜씨를 동원하여 투자 받을 자격을 갖추지 못한 기업에 투자를 유치하는 기술이라고 생각하는 것은 아주 큰 오산이다. 투자가는 그렇게 어리석지 않다. 누군가의 귀중한 돈을 맡아서 대신 운영해주는 사람들인데 그들을 우습게 보면 안 된다.

그러면 투자 받을 자격에 미달하는 기업은 어떻게 해야 하나? IR 기술을 익히기 전에 사업내용을 알차게 만드는 데 더 노력하는 것이 우선이다. 그것밖에는 달리 방법이 없으니까. 아니면 우리 회사의 현재 상황에 맞는 자금조달 방법을 찾는 것이 현명하다.

IR이란 말 그대로 투자가와의 관계형성Investor Relations이다. 관계란 하루 아침에 형성되지 않는다. 먼저 자금조달 방법을 선택하고 자금공여자가 누구인지 알게 되면 미리부터 IR을 해야 하는 이유가 여기 있다.

창업을 하고 사업이 일정 단계에 오르고 나면 투자유치를 통한 자금조달이 필요해진다. 그때 가서 투자가를 찾아 프리젠테이션을 하면 투자결정까지 시간이 많이 걸린다. 완벽한 사업모델이 아니라면 6개월 이상 걸린다고 보아야 한다. 투자가란 원래 의심이 많은 종족이니까 신속하게 결정하기보다는 이것저것 따지는 것이 많다. 그러므로 아직 사업이 완벽한 모양을 갖추기 전부터 투자가를 정해

미리 IR을 해두는 것이 적시에 자금을 조달하는 지혜라 할 수 있다.

만약 H가 첫 IR에서 자기 회사의 문제점을 솔직히 털어놓고 도움을 요청하였다면 어땠을까? 물론 자금조달에 성공하지는 못 했을 것이다. 당시는 벤처붐이 꺼지고 벤처투자로 큰 손실을 입은 벤처캐피탈들이 극도로 위축되어 있을 때였으니까 더 그랬다.

그러나 그로부터 1년 후 새로운 사업모델을 들고 방문하였을 때 나의 태도는 달라졌을 것이다. 괜찮은 아이디어와 사업성을 갖추었다면 투자를 받을 가능성이 훨씬 더 높았을 거다. 첫 IR을 통해 구축된 신뢰가 두 번째 IR에서 힘을 발휘하는 것이다. 전에 도와주지 못했다는 미안한 마음마저 더해질 것이기에 더 그렇다.

H가 'IR이란 신뢰를 쌓아가는 과정'이라는 사실을 뒤늦게라도 깨우쳤다면 상황은 달라졌을 수도 있다. 첫 상담에서 그렇게 강하게 투자를 권유하였던 사업이 어떻게 결말이 났는지를 두 번째 미팅에서 당연히 언급을 했어야 했다. 그 사업이 실패로 귀결되었다 하더라도. 실패의 원인이 무엇이었는지, 왜 자신이 첫 번째 상담에서는 그 원인을 파악하지 못했는지를 스스로 인정하였더라면 H에 대한 나의 신뢰감도 조금은 회복되었을 테니까.

사업능력이 있는 H가 처음부터 IR에 대해 제대로 알고 있었다면 지금쯤은 사업 성공의 결실을 맺었을 거라는 아쉬움이 남는다.

당장 필요한 사업자금을 꼭 받아내야 한다는 조급함 때문에 정작

IR의 가장 중요한 의미인 신뢰 쌓기에 실패한 H와 달리 IR을 제대로 실천하는 사업가들은 많다. 그들이 IR을 책을 통해서 배웠건 사업을 통해서 깨달았건 그것은 중요하지 않다. 자금공여자를 만날 때마다 차근차근 신뢰를 축적해 나가는 것이 중요하다.

불황에서 살아남는 금융의 기술

Corporate Finance

프리젠테이션 시작을
어떻게 해야 하나?

— 프리젠테이션 IR 제대로 하기 —

다수의 투자가들을 앞에 두고 우리 회사의 사업전망에 대해 발표하는 것을 프리젠테이션 IR, 또는 투자설명회라 부른다.

사업규모가 어느 정도 커지고 투자가들이 관심을 가질 수준이 되면 이 프리젠테이션 IR이 중요해진다. 기업을 상장하기 전의 공모청약이나 상장한 이후의 주가관리를 위해서는 프리젠테이션 IR을 정기적으로 실시하는 것이 필수다.

프리젠테이션 IR은 명칭 그대로 '프리젠테이션'을 한다는 점에서 앞의 IR과 분명한 차이가 있다. '프리젠테이션'이란 다수의 사람들을 대상으로 어떤 주제를 전달하는 것이다. 마치 강연처럼.

사업전망을 한 사람을 앞에 두고 이야기하는 것과 100명 앞에서 이야기하는 것은 상당히 다르다. 다수의 사람들에게 주제를 효과적으로 전달하기 위해서는 '기법' 혹은 '기술'이 필요하다. 바로 〈프리젠테이션 기술〉이다.

〈프리젠테이션 기술〉에 대해서는 많은 책들이 나와 있으므로 세세한 설명은 생략하겠다. 처음에 약속한 대로 하품 나는 딱딱한 이론들은 지양하고, 실제에서 써먹을 수 있는 말랑말랑한 사례를 지향한다는 취지에서 내 경험 한 가지만 이야기하는 것으로 대신하겠다.

프리젠테이션의 성공 여부를 결정하는 가장 중요한 요소인 프리젠테이션의 시작에 관한 이야기다. 프리젠테이션 경험이 없는 경우는 물론이고 어느 정도 경험이 있는 사람도 다수의 청중 앞에서 프리젠테이션을 어떻게 시작해야 할지 자신 없어 하는 경우가 많다. 나의 실패 사례를 거울로 삼기 바란다.

프리젠테이션 실패 스토리

나의 프리젠테이션 실패담을 시작한다.

"조찬강연에 초대해 주셔서 감사합니다. 그런데 제가 지난 주에 큰 행사를 치르느라고 준비를 제대로 못 했습니다. 매일 밤 늦게까지 행

불황에서 살아남는 금융의 기술

사준비를 하느라 시간을 낼 수가 없었습니다.

외국기관을 초빙한 세미나 행사였는데, 거기에서 제가 직접 영어로 발표를 해야 했기 때문에 무척 바빴습니다. 그래서 오늘 강연준비에 시간을 낼 수 없었습니다.

어제 오후에야 잠깐 준비를 하였습니다. 오늘 제 강연이 미진하더라도 양해해 주실 것을 부탁드립니다. 여러분 귀중한 시간을 내서 오셨는데 준비가 부족한 점 다시 한번 죄송하게 생각합니다."

벌써 8년 전의 일이다.

중소기업인들의 조찬모임에 강사로 초대받은 자리에서 첫 말문을 그렇게 열었다. 장소는 서울 시내에 위치한 호텔의 컨퍼런스 룸. 인테리어며, 샹들리에의 화사한 불빛, 고급스런 테이블 장식, 그리고 무엇보다 룸을 가득 메운 기업인들의 쏘는 듯한 눈빛에 압도되어 가장 먼저 양해를 구하는 말이 저절로 튀어 나왔다.

내 생애 가장 쓰라린 프리젠테이션 실패담이 이렇게 시작되었다. 그날 이른 아침 화려한 호텔의 화려한 컨퍼런스 룸에서의 50분은 마치 50년처럼 느껴졌고, 한 장면 한 장면이 아직도 기억에 생생하다. 그 순간을 기억할 때면 온몸을 전류가 타고 내려가듯 전율 같은 것이 지금도 느껴진다.

그날의 강연 주제는 '효과적인 프리젠테이션 기법'이었다. 프리젠테이션 기법을 강의하는 자리에서 맛본 프리젠테이션 실패담은 그래서 더 뼈아픈 것이 되었다.

그날 조찬강연은 참담한 실패였다. 참석자들은 초반부터 전혀 집중을 하지 않았다. 배포된 자료를 보는지 고개를 숙인 사람이 대부분이었다. 앞에 선 강사와 눈을 맞추는 사람은 열 명이나 되었을까? 핸드폰을 만지작거리는 사람, 눈을 감은 채 표나지 않게 휴식을 취하는 사람, 강연자료 여백에 뭔가를 오랫동안 끄적거리는 사람 등등……

급기야 강연의 절반이 조금 지나 한두 명이 미안한 듯한 제스처를 보이며 자리를 뜨자 기다렸다는 듯이 우루루 일어나는 것이었다. 강연이 끝날 때는 반 정도의 좌석이 비어 있었다. 남아 있는 사람들도 목소리를 낮춰가며 옆 사람과 소근거리는 소리로 실내는 어수선하였다. 형식적인 질문이 있긴 하였지만 강사의 체면을 살려주기 위한 위로성 질문으로 기억난다.

실패의 원인이 무엇인가?
내가 서두에 시인했듯이 강연준비가 부족하여 내용이 알차지 못했기 때문인가? 물론 맞는 지적이긴 하다. 하지만 더 중요한 원인이 있다. 프리젠테이션이나 강연처럼 다수의 청중을 앞에 두고 뭔가를 발표할 때 범하기 쉬운 실수를 나도 저지른 것이다.
그것이 무엇인지를 이야기하기 전에 잠시 당시의 나를 소개하는

불황에서 살아남는 금융의 기술

것이 상황을 이해하는데 도움이 될 것 같다.

당시 나는 코스닥 시장의 상장팀장이었고, 주요업무는 벤처기업의 코스닥 상장과 상장한 기업의 관리였다. 코스닥 시장이 막 투자가들의 관심의 대상으로 자리잡아 가던 시기였으므로 중요한 일들이었다.

코스닥 기업들의 성장 잠재력에 관심을 갖기 시작한 투자가들에게 가장 큰 고민은 상장기업에 대한 자료와 정보의 부족이었다. 코스닥과 벤처가 뜬다고 해서 기업내용도 모르고 묻지마 투자를 할 수는 없는 것이기에 투자가의 고민은 절실한 것이었다.

상장기업에 관한 정보와 자료를 제공할 의무가 코스닥 시장에 있었고 그 일을 해야 할 책임자가 바로 나였다. 나는 나름대로 상당히 참신한 아이디어를 생각해냈는데, 상장기업과 투자가를 직접 만나게 해주는 투자설명회를 개최하는 것이 그것이었다.

그렇게 해서 '코스닥 기업 IR'이 1999년 4월 처음 시작되었고, 매주 수요일 두 개 기업이 IR을 하는 정기 프로그램으로 자리잡았다. 예상했던 것처럼 투자가들의 반응은 뜨거웠다. IR을 실시한 기업들의 주가 역시 대부분 강한 상승세를 보이곤 하였다.

IR 발표준비는 기업이 직접 하였고 우리 팀은 투자가 초청과 행사진행을 책임졌다. 사회는 팀장인 내가 담당하였다.

IR 실시에서 가장 어려운 부분이 IR 준비였는데, 벤처기업들 중 IR을 해본 경험이 있는 기업들은 극소수였기 때문이었다. 2천만원

정도의 예산을 들여 IR컨설팅회사의 도움을 받는 경우도 있었지만 소수에 불과했다.

IR이 지속되기 위해서는 투자가들의 관심이 지속되어야 하고, 그러기 위해서는 IR 수준이 유지되어야 했다. 시간을 내어 참석했는데 얻을 게 없다면 투자가들의 발길이 뜸해질 것이고, 당연히 투자가 없는 IR을 하려는 기업도 없을 테니까.

그래서 기업들의 발표자료 작성과 프리젠테이션 발표에 대해 내가 직접 지도하기 시작하였다. 동원증권 런던현지법인 대표로 있었던 4년 간 참관했던 '국내기업 해외증권 발행 로드쇼'와 런던 기관투자가 대상 국내증시 프리젠테이션 경험을 바탕으로 하였고, IR 사회를 진행하고 발표를 지켜보면서 체득한 노하우를 활용한 IR 지도였다. 처음에는 기본적인 사항 몇 가지를 일러주는데 그쳤으나 차츰 수준 높은 기법을 지도하는 데까지 발전하였다. 그리고 IR의 전문가라는 약간 과장된 호칭을 얻었고 벤처기업 사장들을 대상으로 IR 강의까지 하게 된 것이다.

그리하여 그날 아침의 참담한 실패로 끝난 조찬모임의 IR 강연을 청탁받기에 이른 것이었다.

다시 나의 실패담으로 돌아가자.

준비 부족이 실패의 주요인인 것은 부인할 수 없는 사실이다. 그러나 앞에서 설명하였듯이 나는 꽤 많은 벤처기업의 IR 자료작성과

불황에서 살아남는 금융의 기술

발표기법을 현장에서 지도한 경험이 있었다. 그러므로 준비가 다소 부족했더라도 들을 게 전혀 없는 강연은 아니었다. 벤처기업 사장들을 지도하며 느꼈던 사례들만 이야기하더라도 한 시간 강연의 컨텐츠로는 충분할 거였다. 오히려 더 피부에 와 닿는 내용일 수도 있었다.

그러면 도대체 무엇이 문제였는가?

며칠 간 깊은 고민으로도 찾지 못한 해답을 발견한 것은 '프리젠테이션 기법'에 관한 책을 읽으면서였다.

강단에 오르자마자 던진 첫마디가 대재앙의 시작이었다. 준비가 부족한 것에 대해 양해를 구하는 인사말이 문제였다. 강사로서 충분한 준비를 하지 못한 것에 대한 미안한 마음의 표현을 참석자들은 이렇게 해석하였던 것이다.

"아침 일찍 참석하신 분들께 미안한 말이지만 —기업 CEO가 보통 바쁜 자리인가— 제가 준비를 충실히 하지 못했기 때문에 오늘 강연은 별로 들을 게 없을 것입니다."

당연히 이런 생각이 뒤따랐을 것이다.

'달콤한 아침잠까지 설치고 괜히 일찍 나왔군. 오늘 조찬강연은 들으나마나 하겠어.'

실망과 불평의 감정이 강하게 자리잡았으니 집중이 될 리가 없다. 청중이 자신의 강연에 관심을 보이지 않는다고 생각하는 순간 강단에 선 강사는 당황하게 된다. 준비부족으로 인한 불안감에 당황이 더해지면서 강사는 버벅대기 시작하고 청중의 반응은 더 싸늘해진다. 청중의 냉담을 알아챈 강사의 더 큰 당황과 청중의 실망스런 눈빛, 이런 악순환이 몇 분만 계속되면 강사의 대뇌는 패닉 상태를 맞게 되고 강연은 대실패로 끝난다. 내 경우가 그랬던 것이다.

참담한 실패에서 나는 아주 중요한 교훈을 배웠는데 그것은 바로 다음과 같은 법칙이다.

변명으로 프리젠테이션을 시작하지 마라

피치 못할 사정으로 프리젠테이션 준비를 못 한 상황이라면 어떻게 할 것인가? 연기 내지 취소할 수 없는 상황이라면 뭔가 대책이 있어야 할 텐데.

그래도 변명은 하지 마라. 변명은 아무것도 해결해주지 못하기 때문이다. 오히려 상황을 더 악화시킬 뿐이다. 강연을 부탁받을 정도라면 그 분야에 일가견이 있지 않겠는가? 그것을 차분히 전달하는 것이 최선이다.

투자가를 앞에 두고 프리젠테이션 IR, 즉 투자설명회를 개최하는 경우도 마찬가지다. 사업상 아주 중요하고 긴급한 상황이 발생해서 자료를 사전에 한 번도 들여다볼 수 없는 상황이었다 해도 대응방법은 똑같다.

우리 회사의 사업내용과 미래전망을 발표하는데 대표이사인 나보다 더 잘 아는 청중은 없다. 발표자료에 나오는 내용들은 내가 너무 잘 아는 사항들이다. 차분하게 하나하나 설명해 나가면 된다. 재무사항이나 숫자에 대해서는 자료를 보면서 이야기해도 흠 될 것이 없다. 질문에 대한 답을 모른다면 배석한 실무자에게 답변을 넘겨줄 수도 있다.

중요한 사실은 시작할 때 절대 변명이나 양해를 구하지 말라는 것이다. 나는 진심을 이야기하지만 청중은 발표내용이 질적으로 부실할 것이라고 무의식적으로 인식하는 것이 문제다. 내가 어떤 뜻으로 말했느냐 보다 청중이 어떻게 받아들이냐가 더 중요하다.

70회 이상의 프리젠테이션 IR 경험에서 배운 귀중한 교훈 한 가지를 말해주면 이렇다.

"프리젠테이션 IR이 성공했는지 아닌지를 판가름하는 중요한 잣대는 이거다. IR이 끝나서 돌아가는 투자가들의 머리 속에 우리 회사에 대한 강한 이미지가 남아 있다면 성공한 IR이라고 말할 수 있다. 그 강한 인상이 오래 지속된다면 대성공이라고 불러도 좋다.

그러기 위해서 가장 중요한 것은 청중의 집중을 이끌어내고 그 집중을 유지하는 것이다."

프리젠테이션 시작부터 변명을 늘어 놓으면 청중들의 집중은 봄눈 녹듯 녹아 없어질 것이다.

또 하나의 프리젠테이션 시작 사례

얼마가 지난 후 '프리젠테이션 기법'의 동일한 주제로 다른 강연을 부탁받았고, 철저한 준비를 하고 나서 100여 명의 기업 대표들 앞에 다시 서게 됐다. 지난번의 쓰라린 실패를 되풀이하지 않기 위해 특히 첫 시작에 신경을 많이 썼다.

내 강연의 서두는 이랬다. 독자들께서 다시 한번 평가해주기 바란다.

"여러분, 프리젠테이션이 갈수록 중요해지고 있습니다. 많은 투자가를 앞에 놓고 기업을 소개하고 사업전망을 설명하는 것이 프리젠테이션의 전부라고 생각하시는 분들이 많습니다만, 프리젠테이션이 필요한 상황은 이것 말고도 많습니다.

투자가가 아니라 잠재고객, 즉 소비자에게 우리 제품을 알리는 경우도 있고, 내부고객인 직원들에게 회사의 경영상황을 알리는 것도 일종의 프리젠테이션입니다. 이 경우 어떻게 프리젠테이션 하느냐에 따라 매출이 달라지고 직원들의 자발적 참여도와 업무성과가 좌우됩니다. 그렇기 때문에 프리젠테이션 기법을 알고 있으면 제품판매나 업무성과 제고에 큰 효과가 있습니다.

그뿐이 아닙니다. 크고 작은 모임에서 인사말을 할 때도 프리젠테이션 기법을 알고 있으면 도움이 되고, 심지어 취업을 할 때도 면접에서 프리젠테이션을 잘하면 그만큼 합격할 확률이 높아집니다.

제가 요즘 느끼는 점인데 아래 직원이 업무보고를 하거나 결재서류를 가져와서 설명을 하는데, 어떤 직원의 설명은 금방 이해가 되는데 어떤 직원은 한참을 설명을 해도 요점이 뭔지 알아듣지 못하는 경우가 있습니다. 이것도 프리젠테이션 기술의 차이라고 생각합니다. 그러니까 일을 잘해도 프리젠테이션을 못 하면 승진에서 불리할 수 있는 거고요, 또 그 반대의 경우도 있는 거지요.

그래서 오늘 설명 드리려는 프리젠테이션 기술이 중요하고 또 갈수록 그 중요성은 커지는 것 같습니다."

제법 준비한 티가 나지 않는가? 물론 변명 같은 건 한마디도 없고. 여러분이라면 나의 프리젠테이션 시작에 몇 점을 주겠는가?

일단 주제로 바로 들어간 것은 점수를 줄 만하다. "이런 자리에 서게 되어 영광입니다." 라는 한마디면 될 것을 비슷한 뜻의 문장을 열 개도 넘게 되풀이하는 사람들도 많다.

그런 사람들은 청중들의 귀중한 시간을 낭비하는 것이다. 그래서 그런 인사말은 한두 문장이면 충분하다. 아예 하지 않더라도, 그리고 바로 본론을 시작하더라도 비난할 사람은 청중 중에는 없다. 이점은 내가 장담한다.

내가 가장 싫어하는 타입으로 이런 유형이 있다.

"여기 계신 분들 중에 오늘 주제에 대해 저보다 더 많이 아시는 분이 많을 텐데 여기에 대해 잘 모르는 제가 강연을 하게 되어 송구합니다."

잘 모르는 분야라면 강연을 거절할 일이지 왜 하겠다고 해 놓고 이제 와서 저런 무책임한 말을 하는 거지?

주제와 직접적인 관련이 없는 이야기로 5분 넘는 시간을 낭비하는 사람들도 많다. 참석자들은 이제 곧 강연을 시작하려나 하고 기다리는데 쓸데없는 이야기로 아까운 시간을 낭비한다. 강연 주제와 관련 없는 이야기는 강연이라고 할 수 없다.

참석한 사람들의 시간은 아주 귀하다. 그러므로 그 아까운 시간을 쓸데없는 이야기로 낭비하지 마라. 그래서 다음의 법칙이 중요하다.

처음부터 바로 주제로 들어가라

내 강연의 시작은 일단 주제로 바로 들어갔다, 라고 말하면 정확한 표현인가?

이것도 확신이 서지 않는다. 아마 전문가라면 평균점수를 주지 않을 것 같다.

왜 그런가?

강연의 주제가 뭐였더라? 맞다. '프리젠테이션 기법'이다.

그러면 나의 시작이 프리젠테이션 기법에 관한 이야기가 맞나?

아니다. 그것은 '프리젠테이션의 중요성'에 관한 이야기다. 그러므로 나는 강연주제로 바로 들어갔다기보다 주제와 관련된 이야기를 한 것이다.

너무도 많은 발표자들이 혼동하고, 너무도 많은 청중들이 짜증나는 점이 바로 이것이다. 거듭 말하지만 시작부터 본론으로 바로 들어가라. 제발 부탁이다. 이것은 내 이야기가 아니라 청중들의 무언의 호소다.

한번 더 생각해 보자. 나는 강연 시작에 '프리젠테이션을 잘하는 것이 정말 중요하다'는 점을 강조하기 위해 귀중한 몇 분을 사용했다.

솔직히 생각해 보라. 그 중요성을 모르는 사람이 청중 안에 있을까?

그들은 그 중요성을 남들보다 더 실감하기에 참석한 것이다. 그들은 '프리젠테이션 기법'을 배우기 위해 온 것이지 '프리젠테이션의 중요성'에 대해 들으러 온 것이 아니다. 절대로.

그러니 본론으로 바로 들어간다고 해서 아쉬워할 사람은 한 명도 없다. 발표자 본인만 빼고.

시작부터 본론으로 바로 들어가라는 데는 또 하나의 중요한 이유가 있다.

1시간의 강연시간 중 가장 중요한 시점은 언제일까?

'가장 중요한'의 판단은 참석자의 집중도가 가장 높아서 발표자가 하는 말을 가장 강하게 받아들이고 또 오래 기억하는 시점을 말한다. 그것은 시작부터 3분 정도다. 그때가 청중들의 집중도가 가장 높은 시점이니까.

그러므로 발표자가 하려는 가장 중요한 말, 그날 발표의 가장 핵심적인 메시지를 처음 3분 이내에 던져야 한다. 그것도 강한 톤으로. 그리고 시작에서 던진 핵심 메시지를 남은 시간 동안 반복해서 이야기하는 것이 프리젠테이션 성공의 첫 번째 기술이다. 그러므로 다음의 법칙을 꼭 기억하라.

강하게 시작하라

IR이나 다른 형태의 프리젠테이션에서 시작은 대단히 중요하다. 청중들의 눈과 귀와 그리고 정신이 모두 나에게 집중되어 있을 때 가장 하고 싶은 이야기를 하는 것이 중요하다. 그 중요한 순간을 다른 이야기로 절대 낭비하지 마라.

프리젠테이션을 잘하기 위해 배워야 할 기술은 아주 많다. 그 기술을 가르쳐주는 책들도 아주 많다. 나머지 기술들은 그 책들을 통해 배우길 권한다.

CORPORATE FINANCE

제 · 4 · 장

투자유치의 기술

투자 유치를 어떻게 하지?

사업자금을 조달하는 데는 두 가지 방법이 있다. 하나는 갚아야 하는 돈이고 다른 하나는 안 갚아도 되는 돈이다. 어느 쪽을 택할 것인가?

당연히 갚지 않아도 되는 쪽을 택할 것이다. 그러면 갚지 않아도 되는 돈은 기업이 원하기만 하면 누구나 조달이 가능한가? 그렇지 않다는 데서 문제가 생긴다. 이 '안 갚아도 되는 돈'을 어떻게 조달할 수 있을까?

이 어렵고도 중요한 문제의 해결방법을 찾는 것이 이번 장의 주제다.

갚지 않아도 되는 돈이란 다름 아닌 투자유치를 말한다. 투자를 받으면 주식을 발행해주면 되니까 상환의무가 없다. 물론 이자부담도 없고.

남의 돈을 빌려 써본 사람은 그 부담이 얼마나 큰지 뼈저리게 느꼈을 것이다. 빌린 돈으로 사업을 했는데, 그 사업이 계획대로 진척되지 않으면 상환기일이 다가오는 것이 마치 저승사자처럼 느껴질 수도 있다. 상환기일이 되었는데도 갚지 못하는 상태, 즉 일종의 부도상황이라는 극한 상황까지 내몰리지 않았더라도, 사업가에게 차입금의 부담은 100km 행군을 떠나는 이등병의 배낭보다 더 무겁게 느껴진다.

투자유치는 상환의무가 없다는 한 가지 사실만으로도 사업가에게는 아주 매력적이다. 그래서 웬만한 조건은 감수하고라도 투자를 받으려는 기업가들이 많다.

대다수의 기업가가 선호하는 투자를 어째서 소수의 중소기업을 제외하고는 받지 못하는 것일까? 투자유치를 갈망하는 사업가의 러브콜이 왜 매번 짝사랑으로 끝나야 하는가?

가장 큰 이유는 투자시장이 아직 성숙하지 않았기 때문이다. 벤처기업이나 중소기업에 투자하여 대박을 낸 사례가 많지 않다. 위험을 감수하고서라도 투자를 하려는 투자가들도 시장과 시스템이 제대로 갖춰지지 않았기 때문에 나서지 못하고 있다.

중소기업에게 어려워만 보이는 투자유치를 성사시키기 위해 어떤 준비를 해야 하는지 알아 보자.

어떤 기업에 투자하나?

앞에서 배운 자금조달 방법 찾기의 기술에 의하면 투자가가 누구인지를 먼저 알아야 하고, 그 다음에 투자가의 투자결정 기준이 무엇인지 알아야 자금조달에 성공할 수 있다. 여기서는 편의상 이 둘의 순서를 살짝 바꾸어서 알아보도록 하겠다.

투자가들은 어떤 기준으로 투자결정을 내리는가? 자신이 투자가라면 투자할 기업을 어떤 기준으로 선정할지 생각해 보자. 가령 자신에게 5억원의 돈이 있다는 아주 기분 좋은 상상을 해보는 거다. 그리고 누군가 -물론 중소기업을 경영하는 사장일 거다- 나에게 와서 자기 회사에 투자를 하라고 권유한다면 어떻게 할 것인가? 어떤 기준으로 할지 말지를 결정할 것인가?

그 기준은 사람마다 다를 수 있다. 투자가 중에서 가장 비중이 큰 벤처캐피탈의 투자결정 기준과 여러분의 생각을 비교해 보도록 하자. 여기에 대한 정답을 지난해 한 일간신문의 기사에서 발견했기에 인용한다.

작년 5월, 국내 사교육업계가 크게 술렁이는 사건이 발생했다. 국내 한 특목고 전문학원에 글로벌투자전문회사 칼라일그룹이 2000만 달러(약 186억원)을 투자했기 때문이다.

2006년 말부터 칼라일그룹이 국내 교육기업에 투자할 계획이란 소문은 무성했다. 당시만 해도 업계에서는 상장 교육기업 중 한 곳이 대상이 될 것으로 내다봤다.

결과는 누구도 예측하지 못했던 '토피아 아카데미'(2007년 '토피아 에듀케이션'으로 사명 변경)였다.

토피아를 선택한 이유에 대해 웨인 츄 칼라일 아시아 성장자금그룹 대표는 "특히 토피아가 성장성 면에서 타의 추종을 불허하고, 경영투명성 측면에서도 신뢰할 수 있는 기업이라고 판단했다.' 고 말했다.

특히 선정과정에서 칼라일은 토피아 김석환 대표에 대해 높은 점수를 준 것으로 알려졌다.

이 기사는 투자가의 투자판단 기준에 대해 명쾌하게 말하고 있다. 그것은 바로 다음의 법칙이다.

투자가의 투자판단 기준은
성장성과 경영투명성이다

투자가는 투자결정을 내리기까지 긴 시간 동안 굉장히 많은 것들을 조사하고 분석하고 검토한다. 물론 고민도 많이 한다. 그 수많은 점검사항들을 아주 단순화시키면 두 가지로 요약되는데 바로 성장성과 경영투명성이다.

여러분이 이 기사를 읽기 전에 잠시 생각했던 것과 일치하지 않는다고 느낄 수도 있다. 그러나 좀더 깊게 생각해 보면 이 법칙과 일맥상통하는 것을 깨닫게 될 것이다.

이견 있습니다, 하고 손을 번쩍 치켜 드는 사람이 보인다. 물론 이견이 있을 것이다. 시간관계상 하나만 받아보자.

"나 같으면 아무리 성장성이 있어도 코스닥 상장이 어렵다면 투자하지 않을 것이다. 상장이 되지 않으면 투자회수가 안 되는데 기업이 성장하고 이익이 나면 뭐 하냐? 나는 수익을 목적으로 투자하지 단순히 기업을 키우기 위해서 투자하지 않겠다."

백번 옳은 말이다. 세계적인 투자그룹인 칼라일도 마찬가지다. 상장 가능성이 없다면 투자하지 않는다. 그들도 상장 가능성을 투자결정의 중요한 기준으로 삼고 있기 때문이다. 그런데 성장성과 상장 가능성은 동전의 양면처럼 불가분의 관계에 있다.

코스닥에 상장하려면 가장 중요한 기준이 무엇인가? 여러 가지 중에서 가장 중요하고 어려운 것이 사업성이다. 사업성이란 매출규모와 수익성 그리고 성장잠재력 같은 것을 뜻한다. 예를 들면 매출액이 200억원은 되고, 경상이익이 20억원은 되어야 한다든지 하는 것 말이다. 그 사업성 기준을 충족하기 위해 필요한 것이 바로 성장성이다. 지금은 비록 매출규모나 이익이 작지만 앞으로 빠른 속도로 성장해서 상장요건에 맞는 수준까지 성장하는 것. 그것도 빠른 기간 내에. 그것이 바로 '성장성'이란 용어가 갖는 일반적인 의미가 아니고 무엇이겠는가?

이제 투자가의 투자판단 기준의 가장 중요한 두 가지를 알았다. 그러므로 자연스레 투자 받기 위해서는 무엇을 준비해야 하는지도 알게 되었다.

먼저 성장성이 있는 사업이어야 한다. 투자가의 투자목적이 고수익을 얻기 위한 것이므로 성장성이 없는 기업은 아예 검토대상조차 되지 않는다. 투자를 받기 원한다면 가장 먼저 해야 할 일은 성장기업이 되는 것이다.

성장성이란 어디서 오는가? 업종이 성장업종이면 그에 속한 기업도 성장성이 높을 가능성이 크다. 벤처캐피탈의 투자가 주로 첨단 IT업종과 바이오업종에 집중되고, 또 최근에는 환경과 대체에너지, 문화산업으로 옮겨 가는 것은 이 산업들이 성장산업이기 때문이다. 칼라일 그룹도 교육산업이 한국에서 성장산업이라고 판단했기 때문에 투자한 것이다.

저성장 업종에 속한 기업이라도 경쟁력이 높으면 다른 경쟁회사를 물리치고 시장점유율을 높일 수 있으므로 성장성이 커진다. 기업의 성장성을 키울 수 있는 요소는 다양하지만 가장 중요한 방법은 역시 기술개발일 것이다. 기존제품보다 성능이 훨씬 뛰어난 제품을 개발하거나 지금까지 없었던 새로운 기술을 개발하면 시장이 무궁무진하여 기업의 성장성은 치솟을 것이다.

요약하면 이렇다. 신기술·신제품 개발에 투자하여 성장기업으로 거듭나는 것이 투자유치를 위한 지름길이다.

투자유치의 가장 중요한 요소인 성장성에도 등급이 있다. 매년 10~20%씩 성장하면 성장기업으로 간주되어 투자유치가 가능할까? 이에 대한 답은 앞에서 이야기했던 코스닥 상장 가능성과 연관이 있다. 향후 수년 내에 코스닥 상장이 가능한 수준까지 성장할 것으로 추정되어야 투자가는 돈을 내놓는다.

코스닥 상장 이야기가 나오니까 갑자기 맥이 탁 풀린다는 사람들이 많다. 사실 중소기업, 특히 제조 중소기업이 코스닥 상장까지 가기란 아주 어려운 일이다. 매출액 200억원, 경상이익 20억원을 2년 연속 달성하기란 어찌 보면 꿈같은 이야기다. 그 수준을 달성하는 것이 가시권에 들어오지 않으면 투자유치는 그림의 떡에 지나지 않는가?

그러나 벌써 포기하기에는 아직 이르다. 그 정도 수준이 아닌데도 투자유치를 내가 직접 성사시킨 적이 있으니까. 불과 2년 전의 일이니까 아주 오래 전의 이야기는 아니다. 지금부터 그 사례를 이야기하겠다. 주인공은 오 사장이고, 오 사장의 회사는 편의상 B사라 부르기로 한다.

오 사장의 투자유치 이야기

오 사장의 사업은 '양방향 어학실습기' 제조다. 기술과 제품에 대한 자세한 설명은 시간관계상 생략한다.

일반적으로 기술개발에 성공한 기업들이 자금문제에 부딪히는 시점이 시제품 개발 후 제품의 상용화 단계다. 기술과 제품개발에 혼신을 다하고 나면 개발에 성공한 후 양산에 들어갈 자금이 부족해진다. 신제품 개발만 성공하면 어떻게 되겠지 하는 다소 비사업가적 생각이나 개발기간이 예상보다 지연됨에 따른 자금소진 등 이유는 여러 가지지만, 어쨌든 어렵게 개발된 기술과 제품이 상용화되지 못하는 경우가 아주 많다. 그 대부분이 자금문제 때문이다.

개발한 제품에 대해 수주라도 받게 되면, 선수금을 받고 또 은행대출을 받아 생산에 들어갈 수 있어 다행스런 일이지만, 그런 구매

불황에서 살아남는 금융의 기술

처를 찾기란 정말 어렵다. 시장에서 아직 검증되지 않은 제품을 구매하는데 따른 리스크가 크기 때문이다.

다행히 B사는 시제품 개발 직후 대량주문을 받았다. 주문금액의 20%에 달하는 선수금과 은행대출로 생산자금을 마련하였다. 문제는 '다행히'라고 생각했던 그 대량주문이 끝까지 지켜지지 않은 것이다. 10,000개를 생산하였는데 2,000개만 팔렸으니 나머지 8,000개는 고스란히 재고로 떠안게 되었다.

달리 판매처를 확보해 놓고 생산한 것이 아니므로 판매가 막막하였고, 은행대출의 만기는 다가오고… 그야말로 진퇴양난의 형국이란 말은 이를 가리키는 사자성어였다.

오 사장은 백척간두에 선 심정이었다. 한 발짝만 밀리면 그냥 저 천길 아래 낭떠러지로 떨어져 내리는, 그리하여 다시는 재기가 불가능할 것 같은 그런 심정.

다행인 것은 그 동안 꾸준히 참가했던 전시회에서 외국 바이어를 만나 수주단계까지 이르렀다는 사실이다. 대만의 어린이 영어교육 업체에서 1,000개를 수입하여 자사 대리점을 통해 판매하겠다는 주문을 받았다. 수주금액은 약 2억원. 물론 대리점 판매고객의 반응이 좋으면 대량수주로 이어질 수도 있었다.

기쁨도 잠시였고, 또 다시 생산자금이 문제였다. 재고로 보유한 제품과는 다른 사양을 요구하였기에 금형비와 자재비로 2억원의 자금이 필요하였다. 자금조달을 위해 백방으로 뛰어다녔지만 반응은 한결같았다. 재무 리스크가 크고, 사업전망이 불확실하기 때문에 어렵다는 거였다.

　오 사장의 사업과 자금에 대한 이야기를 다 듣고 난 후 내가 처음한 일은 제1장에서 배웠던 〈자금조달 방법 찾기〉였다. 이를 위해 오사장 앞에 〈자금조달 방법표〉를 꺼내 놓고, 그 안에서 B사에게 꼭맞는 자금조달 방법을 찾기 시작하였다.

'자금조달 방법표' 활용하기

먼저 자금수요자인 B사의 현황을 파악해 보자.

〈B사의 사업 실적〉
○ 매출액 4억원에 은행대출 7억원
○ 담보로 제공할 유형자산 없음
○ 신제품 개발 및 기술 보유
○ 수출 오더 2억원 확보

〈자금조달 방법표〉를 쭉 훑어보고 다시 자세히 하나씩 따져 내려

불황에서 살아남는 금융의 기술

내부금융		이익잉여금, 자본잉여금, 감가상각비
외 부 금 융	직접금융	① 주식 발행 ② 회사채 발행 ③ 주식연계증권 발행
	간접금융	④ 은행 대출 ⑤ 비은행금융기관 대출
	정책금융	⑥ 정부 지원금 ⑦ 정책 자금 ⑧ 신용 보증
	국제금융	⑨ 주식 발행 ⑩ 회사채/주식연계증권 발행

가지만 가능한 방법은 보이지 않는다. 열 가지 방법 하나하나를 제1장에서 배운 방법에 따라 점검해도 결과는 마찬가지다. 내 머릿속으로 점검한 내용을 간단히 기술하면 다음과 같다. 제1장에서 배운 내용을 한번 더 복습하길 원하는 분들은 함께 참여해 보기 바란다.

〈간접금융〉이 제일 간단하므로 가장 먼저 검토한다. 자금공여자는 은행과 비은행금융기관이다. 이들의 의사결정 기준은 첫째가 담보다. B사는 담보가 없으므로 이 방법은 불가능하다. B사의 현재 재무상태로 신용대출은 기대할 수 없다.

〈정책금융〉은 어떤가? 은행차입금이 매출액을 초과하므로 정책자금과 신용보증의 기준에 미달이다. 특히 은행대출이 만기가 임박했으므로 정책자금을 공여하면 사업자금이 아니라 대출상환에 쓰일 우려가 있다고 판단되어 더욱 어렵다.

〈국제금융〉에 대해서는 다른 기회에 자세히 논의하겠지만 다른 조달 방법의 경우보다 기업의 규모가 더 큰 상장기업에 한하여 가능하다고 보면 된다.

〈직접금융〉을 보자. 먼저 회사채 발행은 일찍이 설명한 것처럼 신용평가기관으로부터 신용등급을 받아야만 가능한 방법이다.

주식 혹은 주식연계증권 발행, 즉 투자유치는 투자가를 찾고 그 투자가의 투자결정 기준을 충족할 수 있느냐가 문제다. 투자결정 기준은 앞에서 논의한 대로 '성장성과 경영투명성'이고, 그 중에서도 상장 가능성이 있어야 투자유치가 가능하다. B사의 상장 가능성을 말하기에는 불확실성이 너무 크다.

〈자금조달 방법표〉에 나오는 열 가지 방법 모두 B사에게는 불가능하다는 결론에 이른다. 이제 포기해야 하는가? 우리가 미처 발견하지 못한 방법이 어디 숨어라도 있었으면 좋을 텐데….

상장 가능성이 낮으면 투자유치는 불가능한가?

실망에 잠겨 힘없이 돌아가는 오 사장을 엘리베이터까지 배웅하고 돌아와서도 그 생각을 놓을 수 없다. 다시 한번 〈자금조달 방법표〉를 보며 골똘히 생각에 잠긴 내 머리에 번쩍 떠오른 생각이 있었

불황에서 살아남는 금융의 기술

다. 한 달 전 코스닥 상장기업 사장과 점심식사를 하면서 들었던 말이 생각났다.

"새로운 사업분야를 찾고 있는데 참신한 아이템이 보이면 알려 주세요. 지금 하는 사업은 이제 성숙기에 접어들어서 매출도 그렇고 이익도 크게 늘지가 않아요. 다행히 3년 전 코스닥 상장할 때 들어온 공모자금이 현금으로 남아 있으니까 투자할 여력은 있거든요.

상장기업이다 보니까 주주들을 위해 주가를 챙기지 않을 수가 없어요. 꼭 첨단제품이거나 요즘 뜨고 있는 환경, 대체에너지가 아니더라도 기술력 있고, 시장이 커지는 아이템이면 관심이 있습니다."

코스닥 기업 사장들 중 이런 고민을 하는 분들이 많다. 고민의 원인은 상장 시점보다 낮은 주가 때문이고, 주가가 낮은 이유는 실적이 나빠지고 있거나 혹은 향후 나빠질 거라는 사업전망 때문이다. 그 탈출구를 신사업 진출에서 찾으려는 것은 적절한 해법이다. M&A도 한 방법이지만 한꺼번에 거액을 투자하는데 따른 리스크 때문에 M&A에는 선뜻 나서지 못하고 신규사업 진출을 선호하는 것이다.

이런 고민을 하는 코스닥 기업에게 B사는 좋은 대안이 될 수 있다고 생각하니 머릿속이 환해진다. B사와 사업내용이 유사하여 시너지를 낼 수 있거나 B사 제품을 마케팅해 줄 수 있는 네트워크가 있다면 금상첨화다.

나는 다음날 오후 그 코스닥 기업의 사장을 방문하여 B사의 사업계획서를 보여주고 간단한 프리젠테이션을 하였다. 오 사장에 대해서는 여러 번의 상담과정을 통해 신뢰가 쌓여 있었으므로 −오 사장은 그 동안 IR의 원리를 제대로 이해하고 실천하였다− 강한 톤으로 투자를 추천하였고, 상대방 역시 적극적인 관심을 보였다.

그리고 한 달 후 오 사장은 필요한 2억원을 투자 받아 생산을 시작하였고, 또 한 달 후에는 '양방향 어학실습기' 1,000대를 대만으로 가는 배에 선적할 수 있었다.

가장 중요한 투자가는 다른 기업이다

'오 사장 투자유치 성공 스토리'를 재미있게 들었다는 독자들에게 그 소감을 묻고자 한다.

"B사의 투자유치 성공에 대해 어떻게 생각하나요?"

"자금조달 방법표에 나오지 않는 조달 방법이 있다는 걸 알았다."라는 대답은 틀린 말이다. 오 사장이 조달한 방법은 〈직접금융〉의 주식 혹은 주식연계증권의 발행, 즉 투자유치니까. 다만 투자가가 벤처캐피탈과 같은 일반적인 의미의 투자가가 아니라 기업이라는 점만 다를 뿐이다.

"투자유치를 하는데 상장 가능성이 필수요건은 아니다. 상장이

불황에서 살아남는 금융의 기술

가시권 안에 있지 않더라도 투자유치는 가능하다."

라고 대답하면 제대로 파악한 거다. B사의 코스닥 상장은 전혀 불가능한 것은 아닐지라도 그것을 목표로 투자하기에는 갈 길이 너무 멀고, 투자 리스크는 너무 크다.

그러면 앞에서 말한 '투자결정 기준 중 가장 중요한 것이 상장 가능성이다'라는 명제는 틀린 것인가? 그렇진 않다. 투자가가 누구냐에 따라 그 기준이 달라지는 것뿐이다. 투자가가 기업인 경우 위의 코스닥 기업처럼 사업확장 목적으로 투자할 수 있고, 또 다른 기업은 또 다른 목적으로 투자할 수도 있다.

내가 말하고자 하는 결론은 이거다. '성장성'의 등급이 '수년 내 코스닥 상장'에 못 미치는 기업은 다른 기업으로부터 투자유치를 하는 것이 가장 빠른 길이다.

벤처캐피탈 투자심사의
시작에서 끝까지

— 준비된 창업자의 투자유치 실패와 성공 —

자금조달 방법 중 〈투자유치〉의 가장 중요한 특징은 다른 조달 방법에 비해 투자가의 스펙트럼이 다양하다는 점이다. 당연히 투자가에 따라 투자목적과 투자결정 기준도 달라진다. 그 다양한 투자가 중에서 가장 가능성이 크고, 의사결정이 빠른 곳이 바로 기업투자가다.

앞 절에서 이야기한 B사의 투자유치가 한 예이며, 지금부터 하려는 M사장의 이야기도 그것의 대표적인 사례라 할 수 있다. 참고로 M사장의 투자유치 시점은 2008년 6월이었다는 점을 상기하고자 한다.

M사장에 관한 이야기는 금융이나 투자유치에 관한 것 말고도 들어두면 도움이 될 만한 점들이 많다. 그러다 보니 이야기가 좀 길어질 것 같아 미리 양해를 구해 둔다.

M사장은 IMF의 한파가 모든 경제활동을 얼어붙게 만들던 1998년 6월 창업하였다. 국내 30대 재벌 중 16개가 무너지고, 힘없는 중소기업들이 산사태를 맞은 초가마을처럼 그렇게 우수수 무너져 내리던 상황에서 창업의 깃발을 들었다. 기업을 하는 것이 그때처럼 위험한 것으로 인식되던 적이 없었던 그 시기에. 그때 M사장의 나이 마흔 여섯이었다.

그래서 M사장에게서는 흔히 말하는 -말하기는 쉽지만 그걸 갖추기는 어려운- 기업가 정신을 읽을 수 있다. 기업가 정신이란 어려움에 맞서 사업을 성공시키겠다는 도전정신을 가리키는 말일 터인데, M사장의 창업은 바로 그런 도전정신의 산물이었으니까.

M사장에게 이런 질문을 한 적이 있다.

"사업을 하는데 가장 중요한 것이 뭐라고 생각하세요?"

잠시 생각을 하더니 이런 대답이 돌아온다.

"리스크에 과감해야 회사가 발전할 수 있습니다."

의외의 대답이었다. 리스크를 진다는 말은 사업하는 사람들에게서 좀처럼 듣기 어려운 이야기인데.

이런 내용이었다. 글로벌 트렌드에 촉각을 곤두세우고 제품이 어떤 방향으로 움직일지를 미리 판단하고, 그리고 먼저 움직이는 것이 중요하다. 트렌드를 알고도 실천하지 않으면 아무 소용이 없는데, 먼저 움직이는 것 역시 리스크가 따른다. 그 리스크를 과감하게 택해야만 사업이 성장할 수 있다.

과연 사업가 정신을 한 문장에 담아낸 대답이었다.

나이 46세에 '준비된 창업'을 하다

창업하기에는 늦은 나이였고 또 혹독한 외부환경이었지만 준비된 창업이라 부를 수 있을 만큼 철두철미하게 준비하였다. 창업하기 전 걸어온 길이 그것을 말해 준다.

먼저 학력을 보자.

공업고등학교를 졸업하고, 대학교에서 기계공학을 전공했다. 졸업 후 2년 간 대기업에서 근무하고는 다시 대학원에서 고체역학을 전공한다. 대학교와 대학원에서의 두 개의 전공인 기계공학과 고체역학이 만나는 지점이 현재의 사업분야다.

경력은 어떤가?

대기업에서 12년 간 발전설비의 기술개발과 생산을 담당하며, 6년 간 배운 이론과 지식을 생산현장에 접목한다. 지식은 더 깊어지고, 지식을 토대로 하는 연구·개발은 남보다 한 발 앞선다. 그런 후

불황에서 살아남는 금융의 기술

에 중소기업으로 옮겨 밸브기술 개발과 생산을 책임지는 임원이 된다. 대기업보다 대우가 열악한 중소기업 근무를 선택했던 이유는 무얼까? 아마 기업경영에 대한 간접경험을 쌓고자 함이 아니었을까?

4년 간의 중소기업 경영체험을 마치고 드디어 창업의 첫발을 내딛는다. 자본금 1억원에 직원수 3명의 작은 중소기업이다. 사업 아이템은 6년 간의 학교공부와 16년 간의 현장학습의 연장선에 있는 밸브제조다.

여기까지 이야기를 들었을 때 내가 처음 가졌던 생각은 이랬다.

'이 정도 준비를 하고, 이 사업 아이템이면 기본은 갖춘 거다. 기술과 제품개발, 그리고 생산에서 누구보다 경쟁력이 있을 테니까.'

또 이런 호기심도 생겼다.

'남보다 더 오랫동안 경험을 쌓고 준비를 하였지만, 사업가로서의 실전경험은 일천한데, M사장의 사업가로서의 역량은 어떨까?'

사업역량이라는 말은 아주 포괄적인 개념이다. 사업을 하는데 필요한 모든 요소와 자질을 포함하는 용어다. 제품개발, 생산, 판매, 자금조달 그리고 직원관리 같은 기업경영의 필수요소를 모두 아우르는 능력이다.

M사장의 사업 이야기를 더 들어보면 이런 필수요소를 잘 갖추었다는 생각을 하게 된다. 자기사업 경력은 짧지만 간접경험을 통해

서도 많은 것을 배울 수 있다는 것을 실감케 한다.

성공한 사업가의 필수요소는?

나의 호기심은 여기서 끝나지 않는다. 성공한 사업가의 성공 스토리나 실패한 사업가의 실패담을 들을 때마다 이런 생각이 들곤 하기 때문이다.

'이런 필수요소들을 다 갖추었다고 사업이 반드시 성공할까? 그 이상의 무엇이 더 있어야 하지 않을까?'

말하자면 결정적인 시기에 올바른 의사결정을 하는 것, 위기상황에 현명하게 대처하는 능력 같은 것 말이다. 일상적인 사업에서 그런 역량이 필요한 것은 아니지만, 그것이 필요할 때 올바른 결정을 하는 것은 회사의 진로를 바꿀 수 있을 정도로 중요할 테니까. 이런 능력을 굳이 이름을 붙이자면 '성숙한 경영' 또는 '경영의 노련함' 같은 표현이 어울릴까?

여기서 한 발짝 더 나아가면 어떨까? 고객과의 장기적인 사업관계 유지를 위해 때론 손해 볼 줄도 아는 현명함, 고객에 대한 신뢰 유지를 위해 다른 것을 희생할 수도 있는 안목, 사업기회가 올 때까지 오랜 기간을 참고 기다릴 줄 아는 인내심 등등. 이런 역량이 성공한 기업들의 공통분모가 아닐까?

아직 성공했다고 단언할 수는 없지만 사업 성공에 다가가고 있는 M사장의 10년 간의 기업경영에서도 이런 요소들은 쉽게 발견된다. 시간관계상 한 가지만 이야기하면 이렇다.

고온·고압용 대형밸브를 프랑스 기업으로부터 수주받았을 때 이야기다. 특수소재를 사용하기에 열처리가 아주 까다로운 주문이었다. 거래처가 요구한 사양대로 제조하였고, 거래처의 테스트를 통과한 후 선적이 이루어졌다.

문제가 발견된 것은 그 다음이었다. 병원의 MRI와 같은 정밀조직 검사 결과를 다시 자세하게 분석해 보니 내구성에 문제가 있을 수도 있다는 자체판단이 내려졌다. 향후 수년 간은 문제발생 가능성이 없지만 그 이후 열처리의 문제가 생길 수도 있다는 판단이다.

사업가의 의사결정이 중요한 순간이다. M사장은 주저 없이 결정을 내렸다. 2톤짜리 밸브를 비행기로 수송하여 열처리를 다시 한 후 재선적하였다. 결과는 5천만원의 손실 발생. 그러나 고객의 신뢰라는 무형의 자산을 얻었다. 그것은 5천만원보다 더 큰 자산이었다.

'기업가 정신'과 철저한 준비에서 오는 '성숙한 사업역량' 외에도 사업의 성공에서 뺄 수 없는 요소가 있다면 무엇을 꼽을까?

나는 '사업운'이 아닐까 생각한다. 인생에 세 번의 기회가 있다는 말을 많은 사람들이 수긍하듯이 사업을 하는 데도 기회는 오기 마련이다. 문제는 기회가 주어지는 바로 그때 그 기회를 알아차리고, 사업 성공을 낚아챌 만반의 준비와 역량을 구비했느냐일 것이다.

M사장의 사업은 발전소, 석유화학 플랜트 등 대형 플랜트의 증기배관에서 고온·고압의 유체 및 가스를 차단하고 제어하는 밸브의 생산이다. 그러므로 수요처는 발전소와 석유화학 플랜트 건설현장이다. 2008년 신문에 크게 보도되었던 '두산중공업 1조원대 발전설비 수주'에서 말하는 그 발전설비에 들어가는 대형밸브다.

지난 4년 간 발전소와 석유화학 같은 대형플랜트 건설업은 고도의 성장산업이었다. 두산중공업의 매출증가와 주가상승이 이를 잘 말해준다. 당연히 성장산업을 수요처로 둔 밸브시장도 고도 성장하였다.

이 기업의 매출액은 2002년 6억, 2003년 10억이었는데, 플랜트 건설업의 호황에 힘입어 매출이 급성장하였다. 2004년 19억, 2005년 29억, 2006년 39억, 2007년 63억으로 매년 50% 이상의 성장을 지속하였다. 그리고 2008년 6월 말까지 납품할 수주액이 72억이므로 년간 매출은 100억을 초과할 것이 확실하다.

'투자유치'가 왜 필요한가?

여기까지가 M사장의 사업 이야기다. 미리 예고했던 대로 이야기가 길어졌다. 아니 예고했던 것보다 더 길어졌다고 불평하는 소리도 들리는 듯하다.

그래서 이제부터 금융 이야기로 들어가겠다. 또 하나의 사례연구가 될 수도 있으니 약간은 긴장을 해도 좋을 것 같다. 금융 이야기란 물론 자금조달에 관한 것이다.

사업 이야기가 길어졌으므로 〈자금조달 방법표〉를 꺼내놓고 열가지 조달 방법을 하나씩 따지는 일은 하지 않겠다. 바로 본론으로 들어간다. 이 장의 주제인 〈투자유치〉에 대한 이야기다.

〈투자유치〉의 필요성부터 이야기하자.

"잘 나가는 기업이고 이익도 많이 나는데, 왜 자금이 필요하지?"

이 질문에 대해서는 여러 가지 대답이 있을 수 있다. 매출이 급성장하므로 운전자금이 더 많이 필요하다. 자재비가 더 필요하고, 직원도 더 뽑아야 하니까 인건비도 늘어난다. 그러나 이런 운전자금은 은행대출이나 신용보증으로 해결할 수도 있다. 제품을 생산하여 판매한 대금으로 갚으면 되니까.

매년 50% 이상 성장하는 기업이라면 설비투자 수요도 클 것이다. 설비투자란 초기에 거액이 들어가므로 지금까지의 이익유보액만으로는 턱없이 부족하다. 이것 역시 은행의 시설자금이나 정책자금을 활용할 수도 있다.

그런데 운전자금과 다른 점이 있다. 시설자금은 회수기간이 아주 길다. 만약 시설투자가 다 회수되기 전에 플랜트 건설경기가 냉각되고, 밸브 수주가 급감하는 상황이 닥친다면 기업이 어려움에 직면할 수 있다. 그런 상황까지 감안한다면 투자유치가 더 바람직할 것이다.

그리고 더 중요한 이유가 있다. 플랜트 건설경기가 2004년부터 급 상승세를 타기 시작하였다. 원유가격 폭등으로 오일달러가 넘치는 중동국가들이 발전소와 석유화학 플랜트 건설을 확대한 덕분이다.

그러나 경제나 경기란 항상 사이클을 그린다. 다시 말하면 호경 기 다음에는 불경기가 오고, 또 세월이 한참 지나서 경기가 살아나 는 그런 경기변동 말이다. 지난 4년 간 호경기를 만나 기업이 크게 성장하였는데, 이제는 불경기에도 대비하여야 하지 않겠는가 하는 사려 깊은 대비책이 M사장에게 떠오른 것이다.

불경기를 대비하는 가장 좋은 방법은 재무구조를 튼튼히 하는 것 이고, 재무건전화의 최선의 방법은 자본을 늘리는 것이다. 그리고 지금처럼 호경기에 투자유치를 하면 아주 유리한 조건으로 투자를 받을 것이 분명하다.

M사장에게서 '경영의 노련함'을 다시 한번 느끼게 되는 순간이 다. 가장 좋은 사업환경에서 가장 좋은 조건으로 자본을 증대하여 향후 닥칠 침체국면에 대비하는 일석이조의 경영행위다.

"올해 100억이 넘는 실적을 실현하고 그 다음에 투자유치를 해야 더 높은 배수를 받을 수 있지 않나?"

불황에서 살아남는 금융의 기술

누구나 가질 수 있는 의문이다. 여기에 대해서 설명하자면 또 이야기가 길어지니까 참기로 한다. 여러분도 잠시만 참아주시길. 곧이어 나오는 〈투자배수 산정〉에서 논의하도록 하자. 간단히 한마디만 미리 언급을 하면 이렇다. 투자배수를 산정할 때 과거 실적만이 아니라 향후 실적도 함께 고려한다는 것.

M사장의 투자유치 결정은 기업의 대내외 여건을 종합적으로 고려한 현명한 의사결정이었다. 그러나 의도와 계획이 아무리 뛰어나도 실행되지 않으면 무용지물이다. 〈투자유치〉란 만만한 것이 아니다. 경영의 노련함이 돋보이는 M사장도 머지 않아 그 어려움을 실감하게 될 것이다.

4년 간 50%씩 성장한 기업의 투자유치는?

"성장성이 뛰어난 기업인데 왜 투자유치가 어렵다는 거지? 올해 100억을 넘기고 내년에 200억 수준까지 무난히 달성하면 그 다음은 코스닥 상장인데, 그 정도면 벤처투자가가 좋아할 투자대상이 아닌가?"

"혹시 M사장이 과도한 욕심을 부려서 투자배수에서 타결이 안된 것인가?"

위 의견에 공감한다는 분들에게 묻는다.

"자신에게 여유자금 10억원이 있다고 치자. ―원한다면 그 이상의 금액을 상상해도 좋다. 상상은 자유니까. 다만 우리가 필요한 건 10억원이다― M사장이 10%의 지분을 ―물론 M사장의 의견하고는 전혀 관련 없이 내가 생각한 숫자다― 준다고 하면 투자하겠나? 그 투자결정을 위해 어떤 조사와 분석을 하고 또 어떤 사항을 검토하겠나?"

물론 수많은 사항을 검토할 것이다. M사장의 사람 됨됨이에 대해서 알아보는 것을 포함해서. 그 수많은 검토사항 중에서 가장 중요한 것은 역시 '성장성'이다.

"이 기업의 성장성은 이미 검증된 것 아닌가? 과거 4년 간 매년 50% 이상 성장하였고, 올해는 또 100% 가까이 성장할 것이 확실한데 그거면 충분하지 않나?"

충분하지 않다. 왜냐고?

투자결정에서 '성장성'이란 미래의 성장성이다. 과거 4년 간의 성장기록은 미래 성장성을 판단하기 위한 자료일 뿐이다.

이듬해 200억 매출과 20억 이상의 경상이익을 달성했다고 치자. 그러면 그 다음해인 2010년 코스닥 상장을 신청하고 몇 개월간 심사가 진행될 것이다. 그 이전의 실적이 뛰어나다 해도 당해년도의 실적이 마이너스 성장이 예상된다면 상장이 보류될 수도 있다. 그리고 상장이 되더라도 당해년도 실적이 저조하거나 이듬해의 사업전망이 부정적이면 높은 가격에 주식을 팔 수 없고, 투자수익도 불투명해진다.

결론은 이렇다. 투자가에게 중요한 기업실적은 향후 2년 내지 3년 후의 실적이다. 그러므로 향후 몇 년 간의 성장성이 투자결정의 가장 중요한 기준이 된다.

투자유치를 위한 프리젠테이션을 하다

M사장은 아는 사람의 소개를 받아 벤처캐피탈을 찾았고, 두 시간여의 프리젠테이션과 투자상담을 하였다. 상반기의 수주금액과 올해 예상매출액이라는 눈에 보이는 실적이 있었기에 자신감에 찬 투자상담이었다. '두산중공업 1조원 발전설비 수주'가 말해주듯 향후 몇 년 간의 사업전망도 장밋빛이었고, 코스닥 상장이 충분히 가능하다는 생각도 자신감을 북돋았다. M사장은 6월 말까지 납품할 수주금액 72억원을 여러 번 강조하였고, 향후 시장전망에 대해서도 외국자료를 제시하였다. 그리고 이에 근거하여 투자배수도 제시하였다.

두 시간 동안 다양한 질문을 쏟아내고 M사장의 답변을 열심히 메모하던 벤처캐피탈 심사역의 마지막 말은 짤막한 한마디였다.

"검토해 보겠습니다."

M사장의 당초 기대와는 거리가 먼 반응이어서 약간은 당황스럽

기까지 하였다. 물론 사업을 잘 하셨다느니, 앞으로도 성장률이 높을 것 같다느니 하는 긍정적인 표현을 하긴 하였지만 의례적인 말로 들렸고, 정작 중요한 결론은 별다른 평가 없이 짤막한 한마디뿐이었다. 투자여부는 검토가 끝나봐야 알겠다는 의미가 담긴.

벤처캐피탈이 투자심사를 개시하다

자 이제 카메라의 앵글을 M사장에게서 심사역에게로 돌려보자. 우리의 최대 관심사인 심사역의 투자분석, 즉 심사과정을 클로즈업하여 세밀히 관찰해야 하니까.

프리젠테이션 미팅, 즉 투자상담에는 심사역 두 명과 투자담당 임원이 참석하였다. 상담이 끝난 후 간단한 회의를 통해 '검토해 볼 만하다'는 결정이 내려졌고, 투자검토를 담당할 심사역이 정해졌다.

지금부터는 이 담당 심사역의 투자검토 과정을 근접거리에서 밀착 취재하듯 관찰하기로 하자. 그 전에 우리의 주인공인 이 심사역에게 뭔가 그럴듯한 이름이 있어야 할 것 같다. 그래서 이 가상의 심사역을 '문'이라 부르기로 한다.

문이 가장 먼저 할 일은 사업계획서와 M사장의 답변내용을 다시한번 검토하는 거다. 그리고 추가로 조사·확인할 사항의 목록을 작성한다. 이들을 확인하면 향후 3년 간 사업계획서에서 제시한대로 사업이 진행될지를 판단할 수 있다. 나아가 M사장이 밝히지 않은 위험요소가 숨어 있지 않은지 확인하는 것도 필수다.

투자검토한 내용은 매주 또는 2주에 한번 투자심사회의에 보고하고 다른 심사역과 담당임원의 의견을 듣는다. 이런 검토과정은 빠르면 한 달 이내에 결론에 이를 수도 있지만 그보다 훨씬 더 많이 걸리는 경우도 다반사다.

첫째 검토항목은 '주요제품의 시장전망'

문이 작성한 조사·확인 목록의 맨 첫 줄은 〈주요제품의 시장전망〉이다. 대형플랜트에 사용되는 증기배관용 대형밸브의 시장전망이 가장 중요한 검토사항이다. 이를 통해 향후 3년 간의 '성장성'을 평가할 수 있으니까.

시장전망에 대한 조사는 시작부터 벽에 부딪친다. 국내 벤처캐피탈이 한 번도 투자해 본 경험이 없는 제품이라는 것이 첫째 벽이다. 투자는커녕 검토도 해본 적이 없으므로 이 시장을 전망하는데 어떤 요소가 중요한지조차 알 수가 없다.

제품과 기술이 과거 어떻게 변해 왔고, 현재 어느 수준이며, 향후의 트렌드는 어떨지에 대해 파악할 자료가 전혀 없다. 밸브를 대체할 신기술 혹은 신제품이 나올 가능성은 있는지도 알아야 하고, 이

외에도 많은 사항들이 시장전망에 영향을 미칠 것이다. 제품과 시장을 모르므로 무엇을 검토해야 할지 문은 막막해진다.

더 강고한 벽은 시장이 국내에는 제대로 형성되지도 않았다는 점이다. 문이 구한 자료에 의하면 2004년 대형밸브 시장규모는 국내시장이 10억원, 해외시장이 4,000억원이다. 그 이후 국내시장이 상당히 커졌을 것으로 추측되지만 투자판단에 도움이 될 정도로 의미 있는 시장은 아닐 것이다.

이런 상황이라면 시장전망에 대해 정확한 자문을 해줄 전문가가 국내에 없다는 이야기다. 시장전망에 대한 자료 역시 외국자료에 의존하여야 하는데 신뢰도의 문제가 있다.

둘째 검토항목은 '회사의 경쟁력'

문이 맨 처음 작성했던 조사·확인 목록의 둘째 줄은 〈회사의 경쟁력 분석〉이다. 동종업계 내에서 기술과 제품의 경쟁력이 어느 수준인가를 파악하는 것이다.

앞의 〈주요제품의 시장전망〉이 전체 파이 규모를 예측하는 거라면, 〈회사의 경쟁력 분석〉은 전체 파이 중 이 회사의 몫이 얼마인지, 또 향후 얼마로 변할지를 예측하는 것이다.

회사의 경쟁력 분석이 중요한 또 다른 이유는 영업이익률과 경쟁력이 밀접한 연관이 있다는 사실이다. 전체 파이가 늘지 않아 매출이 소폭 증가하거나 정체하더라도 영업이익이 더 크게 증가한다면, 코스닥 상장 가능성은 훨씬 더 높아지고 상장 후 주가 역시 높게 형성될 것이다.

문은 회사의 경쟁력 분석에서 더 크고 강고한 벽을 실감해야 했다. 거의 절망적일 정도로.

경쟁력 분석은 동종업계의 경쟁사와의 비교다. 비교항목은 기술과 제품이 가장 중요하지만, 그 외에도 핵심인력, 판매능력 등 여러 요소를 포함한다. 문제는 대형밸브 시장이 해외에 있으므로 동종업계란 바로 해외기업이라는 점이다. 해외에 있는 경쟁사들의 기술, 인력, 판매망 등등을 분석하고 이 회사와 비교하는 것은 사실상 불가능한 일이다.

경쟁력 분석을 위해 아주 유용한 방법 중 하나가 납품처의 평가를 구하는 것이다. 제품을 직접 사용하고 있는 소비자의 평가처럼 정확한 것은 없을 것이므로. 문제는 이 기업의 납품처 역시 거의가 해외기업이므로 그들의 제품에 대한 평가를 들을 수 없다는 점이다.

문은 두 번째 검토사항인 〈회사의 경쟁력 분석〉에서 한 발짝도 나아갈 수 없다.

회사의 '성장성' 판단을 위한 두 가지 요소인 주요제품의 시장전망과 회사의 경쟁력 분석이 지지부진하자 다른 항목에 대한 조사와 확인은 아예 보류한다.

금년 상반기의 72억 수주와 전방산업인 대형플랜트 건설업의 호황으로 판단하면 이 기업의 향후 3년의 사업전망 역시 대단히 밝다. 하지만 주요사항에 대한 확인과 분석이 이루어지지 않은 상태에서 투자결정을 내릴 수는 없다. 더구나 투자배수 산정은 더 정밀한 데이터를 근거로 해야 하는데 기업이 제시한 수치만을 근거로 결정할 수는 없는 일이다.

그렇게 한 달이 지났다. 문은 더 이상 본건을 지체하는 것은 기업에 대한 예의가 아니라고 판단하여 결정을 내린다. 그리고 다음날 M사장은 문으로부터 다음의 이메일을 받는다.

"투자를 보류하기로 결정하였습니다"

"귀사에 대한 투자검토는 보류하기로 결정하였습니다. 회사의 사업전망이 긍정적이지 않아서가 아닙니다. 우리가 직접 사업전망을 확인할 수가 없어 투자결정을 하지 못한 것입니다. 더구나 투자배수 산정을 위해서는 정밀한 판단이 필요한데 국내시장이 형성되지 않아 어려움이 있습니다.

시간을 더 지체할 수 없어 당장 투자하기는 어렵다고 알려드립니다. 향후에도 계속 관심을 가지고 검토하겠습니다."

벤처캐피탈로부터 투자검토 결과를 통보받은 M사장은 잠시 어리둥절하였다. 뭔가 잘못된 것 같은데, 그것이 정확히 무엇인지 알 수가 없어서다. 어쨌든 결과는 정해졌다.

이제 어떻게 할 것인가? 투자유치를 포기할 것인가 아니면 다른 대안이 있는가?

M사장에게는 훌륭한 대안이 있다. M사장의 사업을 속속들이 파악하고 있으면서 자금의 여유가 있는 잠재투자가가 있다. 그것도 아주 가까이에.

M사장이 밸브를 납품하고 있는 고객사들이 바로 그 잠재투자가들이다. 특히 열처리 문제를 미리 파악하여 고객의 요청이 없었는데도 자발적으로 리콜과 재처리, 재납품을 한 프랑스 기업이라면 신뢰가 형성되어 있으므로 투자유치가 더 쉬울 것이다. 다른 납품처도 훌륭한 투자후보들이다.

투자후보라고 해서 무작정 투자를 제안하는 것은 민망한 일이다. 불필요한 오해를 불러일으킬 수도 있다. 이런 경우 납품처의 투자 가능성을 미리 파악하는 방법이 있다. 먼저 자금여유가 있는지를 알아보고, 그리고 과거에 다른 납품기업에 투자한 경험이 있는지를 파악하는 것이다.

최고의 투자가는 거래기업이다

이처럼 거래기업으로부터 투자유치를 하는 것은 벤처캐피탈과 비교하여 여러 가지 장점이 있다.

첫째, 투자할 기업의 사업과 기술을 아주 정확히 파악하고 있으므로 투자결정이 빠르다.

둘째, 투자배수 산정에서 유리하다.

벤처캐피탈은 사업전망에 대해 거래기업만큼 확신을 갖지 못한다. 확신을 갖지 못하면 투자 리스크가 크다고 인식하고, 투자가격을 낮춤으로써 리스크에 대한 보상을 받고자 한다. 거래기업은 투자할 회사에 대해 잘 알기 때문에 리스크를 낮게 평가하고 가격은 높아진다.

또한 거래기업은 벤처캐피탈에 비해 투자협상에서 아마추어에 가깝다. 모든 협상에서와 마찬가지로 투자배수 산정에서도 프로인 벤처캐피탈을 상대하는 것보다 아마추어를 상대하는 것이 더 유리하다.

셋째, 투자유치 외에도 향후 사업에 도움을 받을 수 있다. 자기돈을 투자하고 나면 가족관계와 같은 끈끈한 유대관계가 형성되므로 수주와 납품가격 산정 시 유리하다.

넷째, 외국 납품업체로부터 투자를 받으면 사업의 안정성이 높다는 객관적 평가를 받을 수 있으므로 향후 코스닥 상장심사에서 유

불황에서 살아남는 금융의 기술

리하게 작용한다.

　M사장은 프랑스 기업으로부터 투자의향을 접수하고 투자유치 절차를 개시한다. 소위 말하는 실사절차Due Diligence를 2주 만에 마치고 곧 이어 만족할 만한 투자배수에 합의한다는 것으로 또 하나의 '투자유치 성공 스토리'는 해피 엔딩으로 막을 내린다.

투자배수의 허상과 실상

― 상대가치 산정 방식에 의한 투자배수 산정 ―

사업자금을 조달하는 데는 두 가지 방법이 있다. 하나는 갚아야 하는 돈이고 다른 하나는 안 갚아도 되는 돈이다. 어느 쪽을 택할 것인가?

"당연히 갚지 않아도 되는 쪽을 택하지. 어느 바보가 갚지 않아도 될 돈을 놔두고 갚아야 될 돈을 선택하겠어?"

자신만만한 대답소리가 들린다.

정말 그럴까? 다음 사례를 보자. 갚지 않아도 되는 자금조달 방법 인 투자유치에 성공한 기업의 이야기다. 편의상 이 기업을 N사라 부르기로 한다.

불황에서 살아남는 금융의 기술

N사는 운이 좋게도(?) 사업의 초기 단계에서 투자유치에 성공하였다. 회사설립 2년여 만인 1999년 3월 8억원이라는 거액을 투자받았던 것이다. 당시 N사의 자본금은 5천만원이었다. 사업실적 역시 대단한 것이 아니었다. 전년도 매출액 4억원, 영업손실 1억원으로 미약한 수준이었다.

갚지 않아도 되는 돈을 사업 초기에 8억원이나 조달하였다는 것은 일반적인 관점에서 보면 기업으로서는 축복에 가까운 일이다. 그러나 갚지 않아도 된다고 해서 아무런 대가가 없는 것은 아니다. 원금과 이자를 일정기간 후에 갚아야 하는 부담을 면제 받은 대신 N사는 투자가에게 주식을 발행해주었다. 8억원의 대가로 투자가에게 발행한 주식은 N사 총지분의 74%였다.

그리고 1년 후인 2000년 3월 N사는 코스닥 시장에 상장한다. 상장을 위한 공모청약에서 20% 지분을 대가로 조달한 공모대금은 1,000억원이었다.

N사의 이야기를 듣고 나서 여러분의 생각이 바뀌었는가? '투자유치가 반드시 좋은 것만은 아니다'라고. 그렇게 생각한다면 잘못 해석한 것이다.

투자유치에도 비용이 지불된다

투자유치란 상환의무가 없는 돈을 받는 것이다. 그래서 사업가는 한결 마음이 가볍다. 사업에만 전념할 수 있으니까. 그리고 사업이 계획대로 진전되지 않았을 때에도 사업실패라는 벼랑 끝으로 내몰릴 위험도 없다.

그러나 그 대가로 포기해야 하는 것은 작은 것이 아니다. N사의 경우에는 8억원의 사업자금을 유치하는 대가로 74%의 지분을 내주었으니까. 불과 1년 후에 그 가치가 몇백 배 뛰었으니까 그 대가가 엄청났다.

정리하면 이렇다.

투자유치는 갚지 않아도 되기에 사업가에게 부담이 적은 것은 맞다. 그러나 다른 경제적 대가가 따른다. 그것은 회사 지분의 일부를 내주는 것이다. 그러므로 은행대출의 비용을 따질 때 이자율을 말하듯이 투자유치의 비용은 지분율로 나타낼 수 있다.

앞 절에서 투자유치가 어렵다는 것을 알았다. 그리고 그 어려운 투자유치를 성공한 두 개의 기업 이야기를 듣고 성공요인에 대해서도 배웠다.

지금부터 논의할 사항은 우리 회사에 관심을 가진 투자가를 찾은 다음 본격적으로 투자유치를 검토하고 협상하는 단계에서 꼭 알아

불황에서 살아남는 금융의 기술

야 할 사항이다.

투자가와의 협상 시 알아야 할 점들은 무수히 많다. 그 중에서도 가장 중요한 점은 투자비용의 최소화, 즉 투자유치 대가로 내주는 지분율의 최소화다. 이를 달리 표현하면 투자배수의 산정이다. 지금부터는 그 투자배수 산정에 대해 이야기를 집중하려 한다.

투자배수 산정의 이론과 실무를 정확히 알고 투자협상에 임해야 투자유치 비용, 즉 투자유치의 대가로 내주는 지분율을 최소화할 수 있다. 한 발 더 나가서 합리적인 산정근거를 제시함으로써 상대방의 동의를 더 쉽게 끌어낼 수 있다.

가장 대표적인 투자가는 벤처캐피탈이며, 기업가들이 투자유치 협상에서 만나게 될 가능성이 가장 높은 상대다. 이들은 투자협상에서 프로다. 이 프로와의 협상에 당당히 임하여 만족할 만한 결과를 얻기 위해서 반드시 알고 있어야 할 사항을 지금부터 이야기하겠다.

"경쟁사는 7배수로 투자 받았다는데…"

본격적으로 이야기를 시작하기 전에 여러분의 머릿속에 들어 있을지도 모를 고정관념 하나를 깨고 가도록 하자. 우선 그 고정관념을 가진 어느 중소기업 사장의 이야기를 들어 본다.

"투자를 진행 중인데 투자배수를 몇 배로 해야 할지 모르겠어요. 경쟁사인 B사는 얼마 전에 7배로 투자 받았다는데. 우리가 그 회사보다 못 할 게 없으니까 7배수 이상은 받아야 하는데."

이런 말을 하는 사장들도 있다.

"투자하겠다는 사람은 있는데 배수가 낮아서 투자 받아야 할지 고민이야."

투자는 받고 싶은데 투자배수가 신경 쓰인다는 이야기다. 그것도 투자배수란 곧 투자유치 비용이니까 적절한 수준의 배수를 받아야 한다는 것이 아니고, 경쟁사보다 낮은 배수를 받으면 회사의 평판에 훼손이 가지 않을까 우려하는 것 같다. 대표이사의 자존심도 약간은 걸려 있는 것 같기도 하고.

과연 투자배수가 그처럼 중요한가?

절대 그렇지 않다. 투자유치의 비용을 줄이기 위해 투자배수를 높이는 것이 유리한 것은 맞지만, 그것을 투자배수로 산정하려는 것은 잘못이다. 그것을 일깨워주는 아주 흥미로운 사례 하나를 소개한다.

Lycos Korea가 SK Telecom보다
더 좋은 기업이다?

1999년 12월 경제신문에 큼지막한 제목을 달고 나왔던 기사를 인용한다.

> 미래에셋벤처가 Lycos Korea에 562억원을 투자하기로 하였다. 투자가격은 주당 1,800만원으로 투자배수가 3,600배에 달한다.

3,600배수라!! 환상적인 숫자다. 투자유치를 꿈꾸는 중소기업 사장들에게는 분명 꿈의 배수임에 틀림 없다. 비교를 해 보자. 당시 거래소 상장주식 중 최고가였던 SK Telecom의 사상 최고가격이 500만원, 배수로는 액면가의 1,000배였는데, 그보다도 3.6배 비싼 가격이다.

그러니까 당시 Lycos Korea가 SKT보다 더 좋은 기업이었다라고 말할 수 있는가? 거기에는 대부분 "아니다."라고 대답할 것이다. 더구나 3.6배 더 높은 배수가 곧바로 3.6배 더 좋은 기업이라는 것을 의미한다고는 아무도 생각지 않을 것이다.

투자배수가 곧바로 기업의 가치를 표방하는 것은 아니다. 따라서 투자배수를 비교하여 기업의 우위를 따지는 것은 어리석은 셈법이다. 위의 두 중소기업 사장들의 고정관념이 잘못되었다는 것이 이제 드러났다.

그러면 두 기업 중 어디가 더 좋은지, 그리고 얼마나 더 좋은지를 평가할 가장 합리적인 기준은 무엇인가? 기업 전체의 가치가 얼마인지를 나타내는 기업가치Corporate Value가 그 답이다.

SKT의 기업가치 계산은 당시 주가인 500만원에 발행주식수인 890만주를 곱하여 44조 5,000억원이고, Lycos Korea는 주당가격은 높았지만 발행주식수가 적어 기업가치는 3,600억원 수준이었다. 둘을 군이 비교하자면 SKT가 Lycos Korea보다 123배 더 좋은 기업이었던 것이다.

충분히 이해했을 거라 생각하지만 결론을 다시 한번 요약하면 이렇다. 투자를 잘 받았는지를 결정하는 잣대로 투자배수는 별 의미가 없으며 기업가치를 제대로 평가 받았는지가 중요하다.

투자배수 산정 어떻게 하지?

이제 본론으로 들어가자.

어떻게 해야 투자배수 산정에서 프로인 벤처캐피탈과 맞붙어 손해 보지 않을 수 있을까? 그것이 이 절의 본론이다.

역시 바로 앞의 Lycos Korea 이야기로 풀어가 보자.

불황에서 살아남는 금융의 기술

미래에셋벤처가 Lycos Korea에 투자하기로 한 3,600배수에 이르게 된 과정을 보면 투자배수 산정과정을 이해할 수 있다. 알고 나면 의외로 쉽고 또 간단하다.

미래에셋이 Lycos Korea에 투자하기로 결정하고 나서 투자가격을 산정하는 절차에 들어간다.

그 절차의 첫 단계는 Lycos Korea의 기업가치를 산정하는 것이다. 이 첫 단계가 투자배수 산정의 전 과정에서 가장 중요한 핵심이다. 이 핵심에 대해서는 잠시 후에 자세히 말하겠다. 그리고 이어서 복습도 할 것이다. 약간은 지루하다고 할 정도로 자세히. 우선은 여러 복잡한 과정을 거쳐 기업가치를 3,600억원(투자전 기업가치)으로 산정하였다는 결론만 알고 있도록 하자.

기업가치가 나오면 그 다음 단계는 얼마를 투자할지, 혹은 지분율을 어느 정도로 투자할지를 양자가 협의하여 결정하는 일이다. 지분율 13.5%를 취득하기로 결정한다. 그러면 투자금액은 얼마인가? 산수만 잘 하면 금방 나온다.

$$(3,600 + X) \times 13.5\% = X$$
$$\Rightarrow \quad X = 562$$

혹시 헷갈려 하는 분들에게는 3,600억원이 투자전 기업가치라는 점을 상기시키고자 한다. 여기에 투자금액 562억원을 더하면 투자후 기업가치 4,162억원이 나오고, 그것의 13.5%가 562억원이 되는 것을 나타낸 산식이다.

다음 단계는 발행할 주식수 산출이다. 13.5%에 해당하는 주식수는 3,122주이다. 한 주당 가격의 계산은 아주 단순한 산수다. 투자금액 562억원을 주식수로 나누어 주당가격 1,800만원에 이르게 된다.

이 과정을 공식화하면 바로 벤처캐피탈의 투자배수 산정과정이 된다.

① 투자할 기업의 기업가치를 산정한다.

② 투자금액 또는 투자지분율을 정한다.

③ 발행주식수, 발행가격, 투자배수가 덩달아 계산된다.

거듭 말하지만 여기서 핵심은 기업가치의 산정이다. 이것만 제대로 하면 나머지는 계산기가 알아서 해준다.

'상대가치 산정 방식'에 의한 기업가치 산정

그러면 투자배수 산정에서 가장 중요한 기업가치 산정은 어떻게 해야 하나? 역시 Lycos Korea를 예로 들어 보자. 잠시 양해를 구할 사항이 있다. 지금부터의 내 이야기는 미래에셋으로부터 직접 들은 이야기는 아니고, 벤처캐피탈의 일반적인 기업가치 산정 방법에 대해 이야기한다는 것이다.

투자할 기업의 기업가치 산정에는 여러 가지 방법이 있다. 여기서는 가장 일반적으로 쓰이는 방법을 적용한다. 그것은 〈상대가치 산정 방식〉이라고 불리기도 하는 방식이다.

〈상대가치 산정 방식〉이란 투자할 기업과 아주 유사한 기업을 정하여 그 기업과 투자할 기업의 기업가치를 비교한 다음 투자할 기업의 기업가치를 산정하는 방법이다. 이 과정을 단계별로 구분하면 3단계로 나눌 수 있다.

1단계 : 비교할 기업의 선정

2단계 : 그 기업과 투자할 기업의 비교

3단계 : 비교기업의 기업가치를 토대로 투자할 기업의 기업가치 산정

이 3단계를 밟아서 Lycos Korea의 기업가치를 산정해 보도록 하자.

제1단계   비교할 기업의 선정

Lycos Korea와 아주 유사한 기업을 찾는다. 중요한 점은 상장기업 중에서 선택해야 한다는 점이다. 그 이유는 잠시 후면 알 수 있게 된다.

Lycos Korea는 인터넷포털서비스 기업이다. 당시 국내 인터넷포털 기업은 1위가 Yahoo! Korea, 2위 다음 커뮤니케이션, 3위 Lycos

Korea 순이었다. 다행히 2위인 다음이 코스닥 상장기업이었다. 당연히 비교기업으로 다음을 선정한다.

제2단계 비교기업과 투자할 기업의 비교

이 부분이 가장 어려운 부분이다. 투자가와 투자할 기업 사이에 이견이 가장 큰 부분이기도 하다. 어쨌든 이 둘의 비교를 시작하자. 비교 결과는 '다음을 100이라고 할 때 Lycos Korea는 얼마다'는 식으로 표시된다.

다음과 Lycos Korea는 둘 다 인터넷포털이므로 기업가치의 비교에서 가장 중요한 지표는 페이지뷰 혹은 방문자수다. 당시 인터넷 포털업체의 순위 역시 그것을 기준으로 부여했었다. 아쉽게도 1999년 당시의 두 기업의 페이지뷰 혹은 방문자수에 대한 데이터를 갖고 있지 않다. 그러나 그것은 그리 중요하지 않다. 우리가 알고 싶은 것은 기업가치 산정 방법이지 그 숫자 자체는 아니니까.

페이지뷰 외에 광고수입, 총매출액, 재무상황 등이 두 기업의 비교 시 고려되었을 것이다. 이들 비교지표들을 토대로 비교한 결과를 정확히 알 수는 없지만, 내가 추측하기에는 다음을 100이라고 할 때 Lycos Korea는 약 30 정도였을 것이다.

제3단계 비교기업의 기업가치를 토대로 투자할 기업의 기업가치 산정

마지막 단계는 쉽다. 산수의 영역이라고 할 수 있다. 먼저 다음의 기업가치를 구한다. 다음은 상장기업이므로 주가에 발행주식수를 곱하면 기업가치가 바로 나온다. 다만, 당시는 인터넷 버블의 정점이었고, 다음의 주가는 단기간에 급등한 직후였으므로 다음의 주가를 그대로 인정하지 않고 일정율을 할인하여 적용하자는 투자가의 제안에 Lycos Korea 역시 쉽게 동의하였을 것으로 짐작된다.

할인율을 어느 정도 적용한 것인지는 정확히 알 길이 없지만 약 20% 수준이었을 것으로 짐작된다. 이를 적용하면 다음의 기업가치는 약 1조6,000억원이고, 이를 토대로 산정한 Lycos Korea의 기업가치는 약 4,800억원이 된다.

여기가 끝이 아니다. 기업가치의 최종결정을 위한 마지막 한 단계가 남아 있다. Lycos Korea는 아직 상장되기 전이므로 상장에 대한 불확실성이 남아 있다. 달리 말하면 투자가는 Lycos Korea가 상장되지 못할 경우 투자회수를 할 수 없게 되는 리스크를 안고 투자를 한다는 말이다. 이 리스크에 대한 보상이 필요하고, 그 보상은 일반적으로 25~30%의 할인율로 나타난다. 25%의 할인율을 적용하여 계산한 3,600억원이 Lycos Korea의 최종 기업가치가 된다.

이제 투자유치 협상에서 가장 중요한 투자배수 산정 혹은 투자할 주식가격의 산정에 대한 전 과정을 모두 말했다. 정확한 수치가 몇 개 빠지긴 했지만 투자배수 산정에서 고려할 요소들은 하나도 빠진

게 없다.

그러니 이제 충분히 이해가 되었을 줄 안다, 고 말하기에는 아직 미진한 점이 남았다고 생각하는 독자들도 있을 것 같다. 실제 투자배수 협상을 해보았거나, 지금 하고 있거나, 조만간 임해야 하는 사람들에게는 그것이 지금까지 내 이야기처럼 단순한 문제가 아니라는 생각이 물밀 듯 밀려올지도 모른다.

그런 분들을 위해서는 투자배수 산정 혹은 발행할 주식가격 산정의 실제 사례를 들려 주어야 하는데, 아주 복잡하고 지루한 이야기가 될 것이 틀림 없다. 그래서 투자배수 산정의 실제 사례는 다음 기회로 넘기기로 하겠다.

그 대신 다른 사례를 하나 더 이야기하겠다. 이 사례 역시 실제 투자배수 산정에 임했을 때 상당한 도움이 될 만한 것이다. 게다가 머리가 복잡할 정도로 어렵지도 않고 조금은 흥미로울 수도 있다.

이 사례에 나오는 방법은 〈상대가치 산정 방식〉보다는 훨씬 단순하고 쉽게 써먹을 수 있는 방법이다. 무엇보다 최근에 투자유치를 하고, 투자배수를 산정한 기업의 이야기로 아주 따끈따끈하다는 점이 마음에 들것이다.

투자배수를 간단하게
산정하는 방법은 없을까?

— 자산가치 및 수익가치 산정 방식에 의한 투자배수 산정 —

민 이사님께 먼저 양해를 구하고자 합니다.

그 동안 의사소통에 약간 오해가 있었던 것 같습니다.

우리 쪽에서는 post로 80억을 제시하였는데 회사에서는 달리 이해

하셨던 것 같습니다.

post 80억으로 저희는 내부결재가 이미 끝난 상태입니다.

사장님과 의논하시고 연락 주시기 바랍니다.

이 짤막한 이메일로 이야기가 시작된다. 때는 2008년 4월 초.

저녁 늦은 시간에 이메일 한 장을 들고 당황스런 표정으로 내 사

무실을 급히 방문한 K사장의 이야기는 이랬다.

벤처캐피탈의 투자검토가 두 달 정도 진행되었고, 서류검토에서 실사Due Diligence까지 별 무리 없이 순조로웠다. 투자배수에 관한 협상도 큰 이견이 없이 8배수로 합의하였다. 이제 일주일 내로 투자금액이 입금될 것이라는 재무담당 민 이사의 보고를 받고 기대에 부풀어 있는데, 느닷없이 이메일 하나가 날아든 것이다.

K사장과 민 이사는 한참을 머리를 맞대고 궁리하여도 이메일을 보낸 정확한 이유를 파악할 수 없었다. 미리 사전에 벤처캐피탈의 심사역으로부터 한마디 언질도 없었기에 더 당황스러웠다. 그리하여 도움을 청하고자 나를 찾아온 것이다.

"post로 80억을 제시합니다"

이메일 내용 중 문제가 된 것은 post라는 영어 단어다. 사전을 찾아보면 '게시하다' '공표하다'라는 뜻이 나온다. 더 아래를 보면 '배치하다'라는 동사도 있다.

'대내외적으로 공표하고 나서 투자배수를 최종 확정하겠다는 것인가? 그러면 최종투자가 지연된다는 이야긴가? 그런데 사장님과 의논하고 답을 달라는 것은 또 무슨 말인가?'

별별 생각이 떠오른다. 맨 앞줄의 '양해'라는 단어와 그 아래 '오

불황에서 살아남는 금융의 기술

해'라는 단어가 자꾸 불안감을 야기한다. 심사역에게 전화를 걸어 무슨 내용인지를 물어볼까 고민하다가 나를 찾았던 것이다.

나는 속으로 웃음이 나오려는 것을 꾹 참고 설명해주었다.

"post란 말은 post-investment를 뜻합니다. 그러니까 8배수로 합의한 것이 투자한 후의 배수를 8배수로 하겠다는 말입니다. 아마 우리 쪽에서 투자금액이나 발행할 주식수를 투자전 8배수로 계산해서 보낸 것 같네요. 거기에 대해 투자기관에서 이의를 제기한 거지요.

우선은 투자할 의향은 변하지 않고, 아니 오히려 내부적으로 투자결정이 이미 내려졌고, 투자배수 계산방법만 해결되면 바로 투자한다니까 큰 걱정은 안 하셔도 되겠네요."

K사장은 그제야 조금 안심이 되는 것 같았다. 일단 투자실행에는 문제가 없는 것으로 밝혀졌으니까. '양해'나 '오해'라는 말이 투자배수 계산법의 차이를 가리키는 것이라서 일단 안심은 된다. 그리고 '투자후'와 '투자전' 배수 계산법이 어떻게 다른지에 대한 내 설명을 심각한 표정으로 듣는다.

"8배수면 코스닥 상장기업과 비교하여
괜찮은 배수인데"

먼저 이 기업의 투자배수 산정 과정에 대해 좀 더 들여다보도록 하자. 그러기 위해서는 기업의 내용을 알아야 한다. 앞에서 약속한 대로 아주 단순한 방법으로 산정할 거니까 기업에 대해서도 간단한 몇 가지 지표만 제시한다.

주요 제품 : 특수분야의 의약품 원료 제조
매출액 : 2007년 36억원, 2008년(추정) 90억원
순이익 : 2007년 6억원, 2008년(추정) 16억원
자본금 : 10억원
총자본 : 25억원
총자산 : 35억원

두 달간의 투자검토를 마치고 투자가는 다음의 제안을 했다.

"기업가치 80억원으로 투자하겠습니다."

기업가치 80억원이면 우리 회사의 기업내용에 적정한가? 기업가치 80억원을 투자배수로 산정하면 8배수가 된다. 자본금이 10억원

이니까. 이 배수면 적정수준인가?

K사장은 가장 먼저 코스닥 상장기업의 주가수준을 조사해 보았다. 유사업종인 제약업종에 속한 코스닥 기업은 38개사다. 그 중 22개사가 8배수 이상에서 거래되고 있다. 코스닥에 상장된 제약기업의 42%인 16개사가 8배수 이하에서 거래되고 있는 것을 보면 괜찮은 배수라는 생각이 든다.

정말 그런가?

천만에. 잘못된 판단이다. 이런 식의 투자배수 판단은 앞에서 나왔던 중소기업 사장과 같은 고정관념에서 벗어나지 못한 것이다. 즉 K사장은 초보자가 범하는 오류에 빠진 것이다.

거듭 말하지만 투자배수 산정을 제대로 하려면 투자배수를 보면 안 된다. 기업가치를 비교해야 한다.

'자산가치 산정 방식'에 의한 기업가치 산정

기업가치를 판단하는 가장 중요하고도 단순한 방법으로 두 가지가 있다. 수익가치와 자산가치가 그것이다. 이것들은 아주 오래 전부터 활용되어 온 전통적인 방법들이고 아직도 투자가들이 유용하게 활용하는 방법이다. 상대가치 산정 방식도 자세히 들여다보면 이 전통적인 방법을 더 세련되게 발전시킨 것에 다름 아니다. 그래서 기업의 가치를 아주 대략적으로 신속하게 파악하기 위해서는 이 방법이 자주 사용된다.

〈자산가치 산정 방식〉이란 말 그대로 기업의 순자산가치를 토대로 기업가치를 평가하는 방법이다. '순자산가치'란 총자산에서 총부채를 뺀 '총자본'을 말한다. 이 총자본은 기업을 청산할 때 주주에게 돌아가는 몫이라고 해서 '청산가치'라고 불리기도 하고, 주주의 돈이라는 의미로 '자기자본'이라고도 불린다. 어쨌든 주주의 몫인 순자산가치는 기업가치 계산에서 중요한 의미를 갖는다. 자산가치 방식에 의해 산정한 기업가치는 25억원이다.

다만 벤처기업의 경우 유형자산이 별로 없고, 미래의 성장성이 중요하기 때문에 기업가치 산정에서 자산가치의 비중이 크게 작용하지 않는 경향이 있다. K사장의 경우도 순자산가치 25억원을 토대로 기업가치를 산정하는 것에 전혀 동의할 수 없다.

'수익가치 산정 방식'에 의한 기업가치 산정

〈수익가치 산정 방식〉을 보자. 앞의 자산가치 산정 방식보다 더 많이 활용되고 있고, 상장기업의 적정주가를 판단하는 데도 자주 활용되는 방법이다.

2007년 순이익 6억원으로 이 기업의 가치를 산정하는 것이 수익가치 산정 방식이다. 순이익 대신 경상이익을 사용할 수도 있고, 이 둘 다를 감안할 수도 있다. 그리고 2007년의 순이익이 안정적인 것인지 아니면 특별한 요인이 작용한 것인지를 알기 위해 과거 3년 간의 순이익 추세를 같이 보기도 한다.

여기서는 수익가치 산정 방식을 아주 단순하게 적용하도록 하겠다. 순이익 6억원이면 기업가치는 얼마가 되어야 하는가?

순이익과 기업가치의 상관관계를 나타내는 아주 유용한 지표가 있는데, 바로 주가수익율Price Earnings Ratio, PER 이다.

$$PER = 주가 / 주당순이익$$

별로 복잡하지 않은 수학을 적용하여 위 공식을 약간만 변형해 보자. 분자와 분모에 총주식수를 곱한다.

$$PER = \frac{주가 \times 총주식수}{주당순이익 \times 총주식수} = \frac{시가총액(=기업가치)}{순이익}$$

약간의 수학을 활용한 결과 다음의 법칙에 이르게 되었다.

기업가치는 그 기업의 순이익에
PER을 곱한 값이다

이 기업의 적정 기업가치는 순이익에 적정 PER을 곱하여 산정한다. 따라서 적정 PER이 얼마인지를 알면 적정 기업가치를 구할 수 있다는 말이 된다.

이 기업에게 적용할 PER을 얼마로 보아야 하나? 참고로 우리나라 상장기업의 PER 평균은 11이었고, 제약·바이오업종의 평균 PER은 16이었다. 어느 것을 적용할지는 의견이 다를 수 있겠지만 이들을 감안하여 결정하면 될 것이다. 좀더 세련되게 산정하기를 원한다면 제약업종 내에서도 이 기업과 사업내용이 유사한 기업들을 선택하여 그 기업들의 PER을 적용하는 것도 좋은 방법이다. 여기서는 상장기업 평균 PER과 제약·바이오업종 평균 PER의 중간수준인 13배를 적용하기로 한다.

기업가치＝순이익×적정 PER

의 공식에 순이익 6억원, 적정 PER 13배를 적용하면 적정 기업가치는 78억원이다. 이것이 수익가치 산정방식을 적용해 산출한 기업가치다.

여기까지가 오랫동안 기업가치 산정에 활용되어 온 자산가치 산

불황에서 살아남는 금융의 기술

정 방식과 수익가치 산정 방식에 관한 이야기다. 쉽고 간단하여 초보자라도 어려움 없이 활용할 수 있다. 무엇보다도 신속하게 답을 구할 수 있다는 점이 가장 마음에 든다.

지금까지 설명한 내용에 대해 질문을 받도록 하겠다. 자산가치와 수익가치에 근거한 기업가치 산정 방식에 대해 의문사항이나 이견이 있으신 분 있나요? 이 장의 앞부분을 열심히 공부한 독자들로부터 가장 먼저 나올 것으로 예상되는 질문은 성장성에 대한 것이리라.

"투자유치에서 가장 중요한 요소인 성장성이 빠졌다. 자산가치나 수익가치 산정 방식에 성장성은 반영되어 있지 않다. 주식가격을 결정하는 가장 중요한 요소가 바로 성장성, 즉 기업의 미래가치가 아닌가?"

"수익가치 산정 방식에서 성장성은 어떻게 반영하나?"

아주 날카로운 지적이다. 과거의 순이익보다 더 중요한 것은 미래의 수익전망이다. 그것은 바로 성장성에 의해 결정된다. 그런 점에서 K사장 역시 불만이다. 작년의 순이익은 6억원이지만 올해는 16억원으로 늘어난다는 것이 회사의 예상이다. 그리고 내년은 50억원으로 또 다시 급증하고, 내년 하반기에는 코스닥 상장을 신청하고.

내년의 순이익 추정은 불확실성이 크기 때문에 반영하지 않더라도 올해 16억원의 순이익 추정치는 기업가치 산정에 반드시 반영해야 한다는 것이 K사장의 생각이다.

투자가의 생각은 어떨까? 미래가치를 인정하지 않으려 할 것이 틀림 없다. 올해 매출액과 순이익이 회사가 제시한 전망치대로 된다는 근거가 확실하지 않기 때문이다. 아직 4월 초이기 때문에 매출 실적은 가시화되지 않았고, 확정된 수주계약 금액은 아직 많지 않다. 가능성만을 가지고 기업가치를 산정할 수 없다는 것이 투자가의 견해다.

이 지점이 바로 협상이 시작되는 지점이다. 협상의 전 과정을 다 이야기하려면 시간이 너무 많이 걸리므로 생략한다. 서로의 주장을 뒷받침할 근거들을 누가 더 많이 제시하느냐, 어느 쪽의 주장이 더 설득력 있느냐에 따라 합의되는 지점이 달라질 것이다. 결론은 작년의 실적과 올해의 실적 예상치 사이의 어느 지점이 될 것이다.

협상 결과 순이익을 10억원으로 하고 적정 PER을 13배수로 적용하기로 결정한다. 그에 따라 적정 기업가치는 130억원이 된다. 이것이 〈수익가치 산정 방식〉에 의해 계산한 적정 기업가치다.

답이 이제 나온 것인가?

아니다. 아직 고려해야 할 한 가지가 더 남아 있다. 비상장에 따른 리스크다. 코스닥 상장기업과 동일한 기준으로 기업가치를 산정할 수는 없다. 같은 PER이라면 투자가는 당연히 상장기업의 주식에 투자할 것이다. 언제라도 매도하여 유동성을 확보할 수 있기 때문이다.

비상장기업은 상장이 될 수도, 안 될 수도 있다. 상장이 된다고 해도 그때까지는 매도가 불가능하여 현금화가 되지 않는다. 이 유동성 리스크를 부담하는데 따른 보상이 필요하다.

Lycos Korea와 비교하면 상장이 안 될 리스크가 더 크므로 35%의 할인율을 적용하기로 합의한다. 그 결과인 84억원이 수익가치 방식에 의해 산정한 이 기업의 기업가치다.

전통방식에 의한 기업가치를 산정하였다. 자산가치는 25억원, 수익가치는 84억원이다. 최종 기업가치는 이 둘 사이의 어느 지점이 될 것이다. 앞에서 말했듯이 벤처기업은 자산가치보다 수익가치가 훨씬 더 중요하므로 80억원에서 K사장과 투자가의 협상이 마무리 된다. 그것을 환산한 것이 투자배수 8배였다.

이로써 투자배수 산정의 전 과정이 끝나고 우리의 이야기도 끝나간다.

K사장은 비로소 안도의 한숨을 내쉬었다. 사업전망과 미래가치를 생각하면 아쉬움이 남지만 10억원이라는 자금으로 사업추진에 가속도가 붙고, 무엇보다 기업의 안정성이 확고해지는 것이 큰 위

안이다. 잘 나가던 사업이 매출처 최고경영진의 변동으로 크게 휘청거렸던 4년 전의 기억이 아직도 생생하기에 더 그렇다.

두 달간 지속된 투자유치가 마무리되어 긴장을 풀고 사업계획을 구상하고 있는데 느닷없이 문제의 이메일이 날아든 것이다.

post 방식에 의한 투자배수 산정이란?

다시 이 이야기의 발단이 되었던 이메일로 돌아가 보자. 문제가 되었던 것은 post란 단어다. 그것이 어떤 차이가 있단 말인가? 기업가치 80억원은 이미 합의된 사항인데.

투자배수 산정의 마지막 단계가 무엇이었던가? 발행할 주식수의 산정이다. '기업가치를 80억원으로 보고 10억원을 투자하면' 발행할 주식수는?

역시 산수의 영역이다. 자본금이 10억원이므로 투자배수는 8배수가 되고, 이 기업의 한 주당 액면가가 5,000원이므로 주당 발행가격은 40,000원이다. 그래서 10억원이면 25,000주가 된다. 아주 쉬운 산수다.

하는 김에 투자가의 지분율까지 계산해 보자. 현재 자본금이 10억원이니까 발행주식수는 20만주다. 투자후 주식수는 22만5,000주가 되고 투자가의 지분율은 11.1%가 된다. 역시 쉬운 계산이다.

불황에서 살아남는 금융의 기술

그런데 투자가는 'post로 80억'이라고 하였고, 이것은 8배수와도 다른 계산방식인 것처럼 이메일을 보내왔다. 과연 post의 계산법은 무엇인지 알아보자.

post란 '투자후'란 의미라고 했다. 그래서 기업가치가 투자후 80억원이 된다. 그러면 단순한 산수에 의해 '투자전' 기업가치, 즉 현재의 기업가치는 투자후 기업가치 80억원에서 투자금액 10억원을 뺀 금액인 70억원이라는 말이 된다.

먼저 투자가의 지분율을 계산해 보자. 투자할 금액은 10억원이고, 투자후 기업가치는 80억원이므로 투자가의 지분율은 12.5%가 된다. 당초 이 기업이 자체적으로 계산하였던 11.1%와는 차이가 있다.

발행할 주식수의 계산법 역시 다르다. 발행할 주식수를 n이라고 하면 다음 산식이 성립하고, n의 값은 28,571이 나온다.

$$n \div (200,000 + n) = 0.125$$
$$\Rightarrow n = 28,571$$

post 방식이 다소 복잡해 보이지만 결국 산수의 문제이므로 자세히 보면 금방 이해할 수 있다.

정작 이 사례에서 배울 점은 전통적인 투자배수 산정 혹은 기업가치 산정을 이해하고, 실제 상황에서 제대로 활용하는 것이다.

CORPORATE FINANCE

금융시장에 대한 통찰력

대출만기에
연장이 안 되면?

"올해 초 수원시에서 분양하는 지방산업단지를 분양받았습니다. 계약금은 냈는데 중도금하고 잔금으로 10억원 정도를 더 준비해야 합니다."

2008년 초 100억원 규모의 매출을 올리고 있는 S사장이 찾아와서 꺼낸 첫마디였다. '역시 자금문제구나' 하는 생각으로 내가 한마디 한다.

"어떻게 자금을 조달해야 하는지 알고 싶으신 거군요. 부지를 마련하고 나면 또 건축자금도 필요할 테니까요."

그러나 예상과 다른 대답이 돌아온다.

"아니요. 은행에서 분양잔금과 건축비까지 대출을 해주기로 하였습니다."

"그러면 금리가 높아서 부담이 되니까 다른 방법을 찾고 계신 거군요."

이번에도 나의 예상은 여지없이 빗나갔다.

"그래서 건축자금은 경기도 자금을 쓰려고 합니다. 몇 년 동안 경기도 운전자금을 써왔기 때문에 경기도 자금이 금리가 상당히 낮다는 것을 잘 알고 있거든요."

'그러면 무엇 때문에 나에게 상담요청을 한 것이지?' 하는 궁금증이 솟는다. 번번이 예상이 빗나갔으므로 잠자코 S사장의 이야기를 마저 듣기로 하고 나는 입을 다문다.

S사장의 이야기를 요약하면 이랬다.

수원시가 분양한 공장용지는 입지와 부대시설 면에서 뛰어났고, 분양가격 역시 주위 시세보다 약 30% 정도 싼 가격이다. 그래서 몇 대 일의 경쟁률을 뚫고 일단 공장부지를 확보하였다.

부지매입 자금 외에 건축자금 10억원이 투자되어야 하므로 총투자금액은 20억원이다. 회사 내부의 여유자금으로 5억원이 있으니까 나머지 15억원을 은행대출로 조달해야 한다. 다행히 거래은행의 지점장이 부지매입 잔금과 건축비를 합해 15억원을 대출해주겠다고 약속을 하였다.

자가공장 마련을 위한 자금 20억원의 조달은 별 문제가 없다. 그 중 7억원은 경기도 자금을 활용하여 금리를 낮출 수도 있고.

그런데 무슨 고민이 또 있을까?

S사장의 고민은 앞에 나왔던 이야기의 주인공들과는 다르다. 앞의 이야기에 나오는 기업가들이 사업에 필요한 자금을 어떻게 조달할까에 대해 고민하였다면, S사장의 고민은 조달 이후의 문제에 대한 것이다.

운전자금 대출 25억원, 시설자금 대출 15억원

S사장의 고민은 이렇다.

분양잔금의 지급은 2개월 후이고, 건축자금은 약 8개월 후에 대출이 실행될 터인데, 그 시점에 은행의 대출이 어려워지는 상황이 발생하지 않을 것인지가 고민의 하나다. 20억원의 투자금액 중 15억원을 대출해 준다는 약속을 받긴 했지만 이것은 어디까지 구두 약속이며, 대출이 실행되는 8개월 후에 본점의 승인이 나지 않는 상황이 발생할 수도 있는 것이다. 최근 신문에 자주 등장하는 서브프라임 위기와 글로벌 금융시장 불안이 이런 걱정을 더하게 만든다.

더 큰 고민은 그 이후다. 대출의 만기가 도래했을 때 만기연장이 문제없이 이루어질 것인가? 이것이 두 번째 고민이다. 시설자금 대출은 만기가 2년 이상이므로 2년까지는 여유가 있지만, 대출이 시설자금만 있는 것은 아니다. 운전자금 대출로 25억원을 쓰고 있는데, 이 자금의 만기는 수시로 돌아오며, 대출기한도 1년이다.

자가공장 마련으로 총차입금이 40억원으로 크게 증가하므로 재무상태는 나빠질 것이 틀림 없다. 향후 은행의 대출여건이 악화되면 운전자금의 만기연장이 순조롭지 않을 수도 있다는 우려를 S사장은 하고 있는 것이다.

S사장의 고민에 대해 다양한 의견들이 개진될 텐데 이런 의견들이 많을 것 같다.

"자금조달이 되어 자가공장이 문제없이 완공되면 됐지 1년 후까지 걱정하면서 어떻게 사업을 하려 하느냐?"

"자금조달이 어려워 자가공장을 마련하지 못하는 기업들이 많은데 자금조달 이후의 걱정까지 하는 것은 배부른 고민이다."

S사장의 고민을 배부른 고민이라고 치부할 수 있을까? 내 생각은 다르다.

'심각하게 고민해 볼 만한 가치가 있다'는 것이 내 생각이다. 무릇 크던 작던 사업을 한다는 것은 리스크를 부담하는 것이고, 리스크를 지고 사업을 하는 사람은 S사장이 하는 고민을 항상 해야 한다는 것이 내 생각이다. 이런 생각은 25년 간 기업의 금융을 도와주기도 하고, 옆에서 지켜보기도 하면서 얻은 귀중한 교훈 중의 하나다.

불황에서 살아남는 금융의 기술

그래서 이 장에서는 이 주제에 대해 이야기하려 한다. 지금까지의 주제는 어떻게 사업자금을 조달할 수 있는지, 가장 효과적인 조달방법은 무엇인지, 어떻게 해야 보다 손쉽게 조달이 가능한지에 대한 방법을 찾는 것이었다. 이 장에서는 자금조달 방법을 찾고 나서 그 자금을 조달하기 전에 한번 더 생각해 보자는 것이다. 그리고 이것은 앞에서 배운 자금조달의 기술 못지 않게 중요하다는 것이 나의 소신이다.

비 올 때 우산을 빼앗는 은행

S사장의 고민에 대한 해답을 찾으려면 향후 1년, 또는 수년 간의 중소기업 자금조달 여건이 어떨지에 대해 알아보아야 한다. 즉 금융시장의 전망에 관한 이야기다.

금융시장의 전망에 대한 이야기는 크게 둘로 나뉜다. 기업의 자금조달이 현재보다 더 어려워질 것인지 더 수월해질 것인지에 관한 것이 하나다. 물론 현재 쓰고 있는 대출의 만기도래 시의 연장도 포함해서. 이것은 자금조달 여건에 대한 전망이다. 다른 하나는 자금조달 비용이 상승할지 하락할지의 문제다.

이 두 가지는 기업가로서 궁금한 사항임에 틀림 없다. 특히 2007년 7월 이후 서브프라임 문제가 불거지고, 글로벌 금융시장이 요동을 치고, 아직까지도 그 여파가 남아 있는 상황에서는 더욱 중요한 사안이다.

이 두 가지 전망 중 더 중요한 자금조달 여건에 대해 본격적으로 이야기를 시작하기 전에 한 가지만 미리 언급을 하겠다. 우리가 이미 배웠듯이 자금조달 방법은 아주 다양한데 이 장에서 다룰 대상은 은행대출에 국한한다는 점이다. 은행대출의 향후 전망이 기업가들이 가장 궁금해하는 점이고, 또 S사장이 나를 찾아왔던 것 역시 그것이 알고 싶어서였으니까.

참고로 의미 있는 데이터 하나를 제시하겠는데, 중소기업 자금조달에서 은행대출이 차지하는 비중이 95%라는 것이다. 그리고 은행대출을 유형별로 분류하면 부동산 담보대출이 47%, 보증부대출이 21%이다. 신용대출은 21%에 불과하다. 정책자금인 보증부대출을 빼면 중소기업 금융에서 은행대출이 차지하는 비중이 74%로 절대적이다. 그러므로 향후 자금조달 여건을 전망하는데 가장 중요한 부문이 바로 은행대출이라는 데 이의가 없을 것이다.

자금문제로 어려움을 겪고 있는 중소기업 사장들 중에 이런 불만을 토로하는 분들이 많다.

"대출 쓰라고 적극 권유할 때는 언제고, 이제 회사 상황이 조금 안 좋아지는 것 같으니까 빨리 갚으라고 독촉한다. 차라리 그때 대출을 안 썼으면 이런 어려움을 겪지 않을 텐데."

"회사가 잘될 때는 대출 얼마든지 쓰라고 하고, 회사가 어려워지니까 대출만기를 연장해 줄 수 없다고 한다. 햇볕이 쨍쨍 내리쬘 때는 우산을 빌려줬다가 정작 비가 내리기 시작해서 우산이 필요할 때 다시 뺏어가는 격이다."

모두 은행의 대출행태에 대한 비난이다. 마치 부도덕한 행위를 비난하듯. 그러나 한 발 물러서서 보면 은행의 그런 태도는 당연한 것이다. 은행이란 수익을 추구하는 기업이라는 점에서 중소기업과 똑같으니까.

중소기업은 자금이 어려운 납품처에는 아무리 사정을 해도 제품을 공급하지 않는다. 그 납품처가 자금사정이 좋았을 때는 자주 찾아가서 우리 제품을 써달라고 사정하였으면서. 돈을 못 받을 것 같은 거래처에 제품을 대주지 않는 것은 은행이든 중소기업이든 똑같다.

은행 지점장이 중소기업에게 대출을 하면서

"대출여건이 악화되거나 귀사의 경영상황이 나빠지면 1년 후 만기시점에서 대출이 연장되지 않을 수도 있습니다. 이 점을 잘 생각하시어 대출 받을지를 결정하십시오."
라고 친절하게 유의사항을 꼭 지적해주길 기대할 수는 없는 것 아닌가? 비가 오면 우산을 다시 뺏어갈지도 모른다는 당연한 사실을 염두에 두고 은행대출을 써야 할지를 결정하는 것이 현명한 경영자의 자세다.

중소기업 금융시장에 비가 내릴지를 예측해 보고, 만약 비가 내린다면 은행이 우리 회사에게 빌려준 우산을 다시 내놓으라고 할지를 예측하는 방법은 무엇인가?

미리 말해 두는 게 좋을 것 같은데, 이 장에서는 도표, 그래프, 숫자 같이 딱딱하고 재미없는 것들이 많이 나온다. 금융시장의 전망을 위해서는 여러 가지 분석이 필요한데 분석에는 숫자가 따르기 마련이다. 숫자나 데이터가 뒷받침되어야 듣는 쪽에서도 더 신뢰가 가고, 이해도 빠르기 때문에 더 그렇다. 다소 딱딱하더라도 객관적이고 정확한 논의를 위해 어쩔 수 없이 숫자를 사용하는 점을 이해해 줄거라 믿고, 중소기업 대출시장 전망에 대해 본격적인 논의에 들어가도록 하겠다.

중소기업 대출시장
전망은?

S사장의 고민에 대한 해답을 찾기 위해 2008년 하반기 이후의 금융시장 전망, 범위를 좁혀서 은행들의 중소기업 대출 전망이 어떨지 따져 보자. 큰 변화는 없을 것인가? S사장이 가장 걱정하는 것은 나빠지는 방향으로 큰 변화가 있지 않을까 하는 점이다.

중소기업 대출이 약간만 축소되더라도 중소기업들이 피부로 느끼는 체감온도는 아주 클 것이다. 왜냐면 지난 3년 간 매년 대출이 급증하는 것에 익숙해졌기 때문이다. 비유하자면 고속도로에서 120km로 달리다 감시카메라 앞에서 속도를 100km로 낮추면 아주 느린 것으로 느껴지는 원리와 같다. -어떤 때는 차가 일시적으로 멈춘 것 같은 느낌이 들 때도 있다- 시속 100km도 여전히 아주 빠른 속도인데도 말이다.

은행의 대출 전망을 하기 위해서는 은행의 대출결정 기준이 무엇인지를 알아야 한다. 은행은 어떤 기준으로 기업에게 대출을 할지 말지를 결정하는가?

그것을 한마디로 표현하면 〈상환능력〉이다. 대출만기에 제대로 상환할 능력이 있는지를 보고 대출을 결정한다는 말이다. 그러면 상환능력은 무엇을 말하는가?

은행의 대출결정 기준은 '상환능력'이다

〈상환능력〉을 구성하는 요소는 아주 많다. 그 수많은 요소들을 하나하나 세세히 설명하는 것은 지면관계 상 생략하기로 하고, 가장 중요한 것만 꼽으라면 두 가지를 들 수 있다. 〈영업이익〉과 〈자산가치〉(혹은 〈담보여력〉)가 그것이다.

기업은 대출을 받아 사업을 하고, 그 사업에서 생기는 이익(혹은 현금흐름)으로 이자(혹은 원금)를 상환한다. 그러므로 은행은 기업의 영업이익이 얼마나 되는지를 대출결정의 가장 중요한 잣대로 삼는다.

그러면 영업이익이 적자인 경우 상환능력이 없기 때문에 은행대출은 부실화되는가? 꼭 그렇지만은 않다. 은행대출은 대부분 담보대출이므로 담보를 처분하여 원리금을 회수할 수도 있으니까. 그래서 영업이익이 다소 불확실하더라도 담보여력(혹은 자산가치)이 충분하면 대출은 실행된다.

요약해 보자. 은행의 대출결정은 기업의 상환능력을 보고 판단하는데, 상환능력 중 가장 중요한 요소는 영업이익과 담보가치다. 이둘에 대해 심도 있게 분석해 보자.

먼저 〈영업이익〉을 보자.

2008년 중소기업의 영업이익은 전년과 비교하여 어떻게 될까? 영업이익이 증가한다면 은행의 중소기업 대출 역시 늘어날 가능성이 크다. 만약 영업이익이 감소한다면?

영업이익이 감소한다면 은행은 리스크 관리를 위해 중소기업 대출을 덜 늘리거나 축소할 가능성이 높다.

먼저 지난 4년 간의 중소기업 영업이익 추이를 살펴보자. 우리나라 중소기업, 그 중에서도 제조 중소기업의 영업이익을 좌우하는 중요한 변수들은 무엇인가?

중국제품과의 국내외 시장에서의 경쟁 격화, 환율 하락에 따른 수출경쟁력 약화, 원유를 비롯한 원자재 가격의 가파른 상승, 그리고 신문기사를 통해 심심치 않게 접하는 단어인 '대기업의 납품단가 후려치기' 등이 제조 중소기업의 영업이익에 큰 영향을 미친 요소들일 것이다. 하나 같이 부정적인 요인들뿐이다.

네 가지 요인 중 하나인 환율 하락이 수출기업의 영업이익에 미치는 영향이 어느 정도인지 간단한 산수를 써서 계산해 보자.

Z라는 수출 대기업이 환율 1,200원일 때와 이보다 20% 하락한 960원일 때 영업이익이 어느 정도의 영향을 받는지를 간단히 계산해본다. Z사는 100% 수출기업으로 가정한다.

	1U$ = 1200원	1U$ = 960원
매출	1200원	960원
매출원가	960원	960원
영업이익	240원	0원
영업이익률	20%	0%

1달러를 수출하여 받은 금액이 1,200원에서 960원으로 줄어든 결과 영업이익률이 20%에서 0%로 급락하였다. 이처럼 환율의 하락은 수출기업의 영업이익에 심각한 타격을 준다.

2004년부터 2007년까지 원화 환율은 달러화 대비 약 20% 하락하였다. 수출기업이 받은 타격이 어느 정도였을지 쉽게 짐작이 된다. 우리나라 대기업은 중소기업보다 수출비중이 훨씬 높다. 그러므로 대기업이 지난 4년 간 영업이익에서 치명적인 타격을 받았을 것이다, 라는 결론에 이르게 된다.

불황에서 살아남는 금융의 기술

제조 중소기업 영업이익률 계속 하락

그러나 현실은 이런 이론적 결론과 큰 차이가 있다. 지난 4년 간 대기업의 영업이익률 추이를 보도록 하자. 〈그래프 1〉의 위쪽의 꺾은선이 대기업의 영업이익률이다. 어땠는가? 대기업이 이론처럼 심각한 타격을 입었는가?

아주 의외의 현상이 눈앞에 펼쳐진다. 수출 대기업 전체의 정확한 데이터를 구할 수 없어 상장 제조 대기업의 데이터를 사용했지만 결과에는 큰 차이가 없을 것이다.

| 그래프 1 | **대기업과 중소기업 영업이익률 추이(%)**　　　　　　　　　　자료 : LG경제연구원

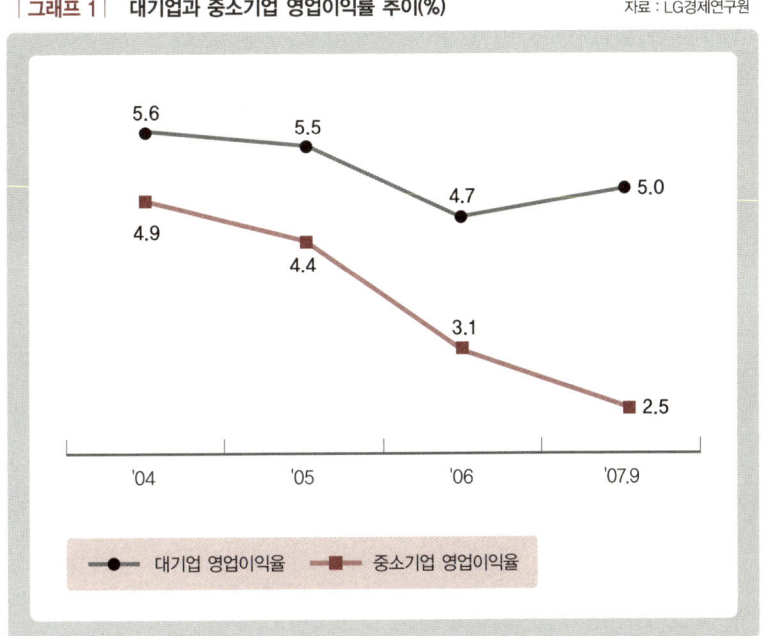

상장 제조 대기업의 영업이익률이 환율 하락기간 중에도 아주 견조하다. 이게 어떻게 가능할까? 위의 단순한 이론이 틀린 것일까? 혹은 환율 하락에 따른 마이너스 효과를 해소하고도 남을 어떤 경영비법이라도 있었던 것일까?

그 비법이란 다름아닌 납품 중소기업에게 환율 하락의 타격을 이전시키는 방법, 흔히 말하는 '납품단가 후려치기'였다. 그에 대한 증거가 바로 그래프 아래쪽에 있는 제조 중소기업 영업이익률이다. 중소기업 중 수출기업 비율은 대기업보다 낮으므로 환율 하락의 타격을 적게 받아야 마땅하다. 그 대신 대기업에 부품을 납입하여 간접적으로 수출에 참여하므로 납품가격이 어떻게 결정되느냐가 중소기업의 영업이익률에 결정적 영향을 미치게 된다.

Z라는 수출 대기업에 부품을 납품하는 Y라는 중소기업을 가정하여 똑같은 셈법으로 환율 하락이 이 기업의 영업이익에 어떤 영향을 미치는지 따져보자.

Y의 제조원가 중 재료비 비중이 50%이고, 원재료는 전부 수입하는 것으로 가정한다.

환율이 하락함에 따라 원재료의 수입단가가 하락하고, 그만큼 영업이익은 증가한다. 물론 납품가격을 그대로 유지하고, 원자재 가격이 변하지 않았을 때 그렇다는 이야기다.

	1U\$ = 1200원	1U\$ = 960원
매출	1200원	1200원
매출원가	1140원	1026원
(재료비)	(570원)	(456원)
(기타비용)	(570원)	(570원)
영업이익	60원	174원
영업이익률	5%	14.5%

　단순히 환율 하락의 효과만을 놓고 보면 수출 대기업인 Z사는 영업이익이 급감하고, 납품 중소기업인 Y사는 영업이익이 크게 개선된다.

　원자재 가격상승을 감안하더라도 Y사의 영업이익률은 Z사보다는 덜 줄어야 마땅하다. 이론적으로는 그렇다. 그러나 현실은 이와는 완전히 딴판이다. 그 이유는 바로 대기업의 무지막지한 납품단가 인하 때문이다.

　복잡하지 않은 산식을 써서 ─손익계산서에 익숙하지 않은 독자들에게는 복잡하게 느껴질 수도 있겠지만─ 우리가 도달한 결론은 이렇다.

　환율 하락에서 오는 이익보다 훨씬 더 많은 금액이 대기업으로 흘러간 결과 중소기업의 영업이익은 지난 4년 간 급격히 악화되었다. 물론 환율 요인 외에도 원자재 가격 급상승, 중국제품과의 경쟁

등 여러 요인이 영업이익에 영향을 미쳤을 것으로 짐작되지만 대기업과 비교한 결과를 놓고 보면 이런 추론이 가능하다.

어쨌거나 그래프에서 보듯 제조 중소기업의 영업이익률은 급격히 악화되었다. 2004년 4.9%였던 중소 제조기업의 영업이익률이 2007년 9월에는 2.5%까지 하락했다.

상장 제조 중소기업의 47%가 이자보상배율 1 미만

〈영업이익률〉보다 더 심각한 것은 〈이자보상배율〉이다. 이자보상배율이란 영업이익을 대출이자로 나눈 값이다.

이자보상배율 = 영업이익 ÷ 금융(이자)비용

풀어서 설명하면 기업이 영업에서 번 이익으로 대출이자를 얼마나 잘 갚을 수 있는지를 표시하는 지표다. 그야말로 은행이 대출심사에서 가장 유용하게 활용하는 수치다.

이자보상배율이 2라면 영업이익이 이자비용의 두 배이므로 상환능력이 우수하다고 평가할 수 있다. 이것이 1이라면 영업이익으로 겨우 이자를 갚는다는 것을 나타내고, 1 미만이라면 영업이익으로 이자도 갚지 못하는 아주 심각한 상황을 말해주는 것이다.

〈그래프 2〉를 보자. 이자보상배율이 지난 4년 간 계속 하락하였고, 2007년 9월 말 현재는 1.3배까지 떨어졌다. 중소기업이 영업이익으로 대출이자만 근근이 내고 있는 상황을 말해준다.

이자보상배율이 급격히 하락한 첫째 이유는 영업이익의 악화지만 동기간 중소기업의 이자비용이 지속적으로 증가한 것도 중요한 요인이다.

참고로 이 그래프에 나오는 표본은 상장 제조 중소기업 1,101개사다. 일반적으로 상장기업의 재무상황이 비상장기업보다 더 우량한 점을 고려하면 우리나라 제조 중소기업의 상환능력이 상당히 심각한 상황이라는 것을 짐작할 수 있다. 더욱이 조사대상 기업 1,101

| 그래프 2 | **중소기업 이자보상배율(배)**   자료 : LG경제연구원

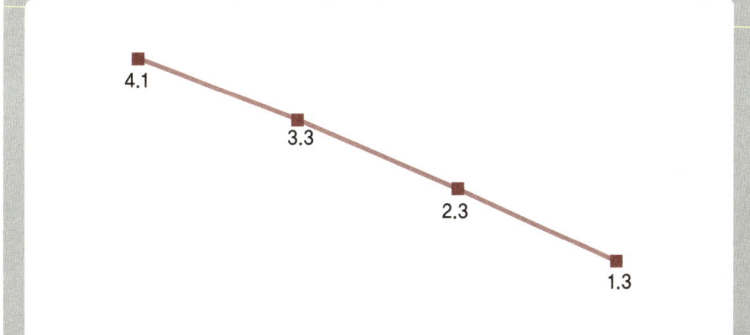

개 중 약 절반인 47%가 이자보상배율 1 미만이었다.

〈영업이익〉을 분석한 결과에 대해 중간 정리를 해보자.

상환능력을 나타내는 가장 중요한 지표인 영업이익률이 지난 4년 간 지속적으로 급격히 악화되었다. 그러므로 은행들의 중소기업 대출이 크게 줄었거나 아니면 최소한 증가하지는 않았을 것이다, 라는 아주 논리적인 결론에 이를 것이다. 왜냐면 기업의 상환능력이 크게 악화되었으므로 대출을 축소하여 리스크를 관리하는 것이 은행으로서는 당연한 경영원칙일 것이므로.

그러나 현실은 우리의 추론과 상당한 차이가 있다. 차이가 있는 정도가 아니라 정반대다. 〈그래프 3〉을 보자. 은행의 중소기업 대출이 지난 3년 간 급증하여온 것을 볼 수 있다. 그래프에 나오는 수치는 중소기업 대출의 순증액이다. 순증액이란 전년도와 비교하여 더 늘어난 금액을 말한다.

중소기업 대출 2년 5개월 동안 138조원 증가

2006년 43조5,000억 증가, 2007년 65조1,000억 증가에 이어 2008년 5월까지 28조9,000억이 증가하였다. 가히 폭발적인 증가세라 할 수 있다. 중소기업의 상환능력이 악화되고 있는데 은행의 중

불황에서 살아남는 금융의 기술

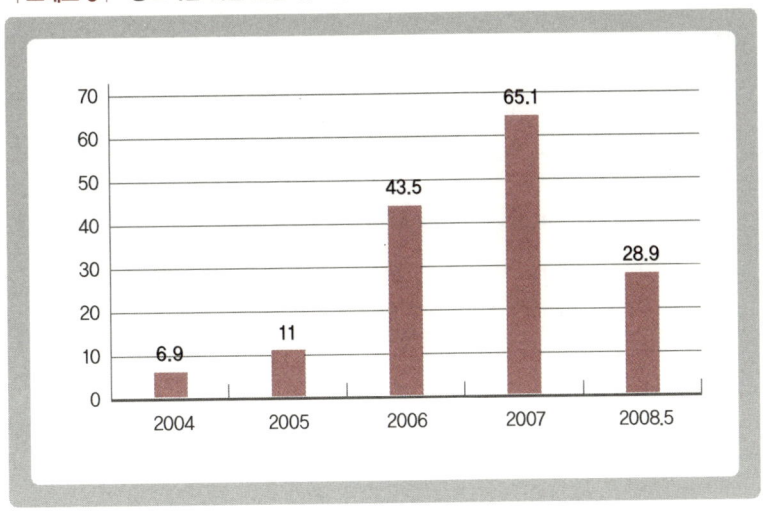

소기업 대출은 증가하는 논리적으로 모순되는 이런 현상은 왜 발생한 것인가?

　크게 세 가지 요인으로 설명이 가능하다.
　첫째, 〈상환능력〉을 나타내는 또 하나의 지표인 〈담보가치〉의 상승이다. 중소기업 대출의 절반 정도가 부동산 담보대출인데, 부동산 가격이 크게 상승하였으므로 담보가치 역시 상승하고, 따라서 대출이 증가하게 된 것이다.

　둘째, 은행의 공격적인 자산확대 정책이다. 이는 국내에서 1위를 차지하려는 은행들끼리의 경쟁과도 관련이 있다. 국내은행의 순위

는 자산규모로 정해지는데 자산규모를 늘리는 방법이 바로 대출확
대이기 때문이다.

중소기업 대출의 내면을 들여다 보면 은행들의 공격적인 자산확
대 정책을 금방 알아차릴 수 있다.

가령 감정가가 10억원인 공장을 담보로 대출하는 경우를 보자.
2007년 이전만 해도 감정가의 80% 수준인 8억원 정도를 대출하였
는데, 2007년부터 2008년 상반기까지는 100% 또는 그 이상의 금액
을 대출하였다. 이것 하나만으로도 은행들이 얼마나 과감하게 리스
크를 지면서 중소기업 대출을 확대해 왔는지 금방 알 수 있다.

은행들의 공격적인 대출확대의 이면에는 담보가치가 계속 상승
할 것이라는 기대감이 깔려 있다. 과거 수년 간 부동산 시장의 호황
으로 공장의 감정가가 상승하였으므로 은행이 감정가의 100%만큼
대출을 하더라도 얼마 안 되어 공장가격이 올라 대출금액을 초과할
것이라고 생각한 것이다. 미국에서 발생하여 지금 전 세계를 뒤흔
들고 있는 서브프라임 위기도 이와 같은 생각에서 싹이 트고 자라
났다.

셋째 요인은 대출 연체율의 하락이다.

국내 1위 은행이 되기 위한 공격적인 자산확대 정책도 손실위험
이 큰 경우에는 택할 수 없다.

그런데, 은행의 최고 경영진이 공격적인 자산확대, 혹은 대출확대

정책을 펼칠지 아닐지를 결정할 때 가장 중요하게 보는 지표가 연체율이다. 연체율이란 대출의 건전성을 나타내는 지표일 뿐만 아니라 은행의 미래 손익을 결정짓는 가장 중요한 경영지표이기 때문이다.

| 그래프 4 | S 은행의 대출 연체율(%)

자료 : 한국투자증권

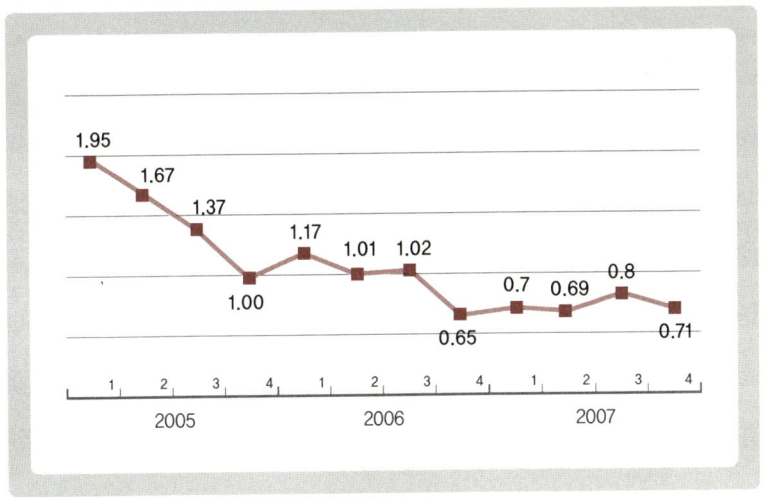

〈그래프 4〉는 국내 한 은행의 연체율 추이를 보여준다. 2005년 1분기 1.95%였던 연체율이 2006년 4분기에 0.65%까지 하락하여 1년간 그 수준을 유지하였다. 이것은 역대 최저수준이다. 연체율이 3년간 계속 하락했고, 현재 수준이 사상 최저수준이라면 은행의 최고 경영진은 어떤 결정을 내릴까? 손실위험이 아주 낮다고 판단하여 마음놓고 공격적으로 중소기업 대출을 확대하도록 지시하지 않았을까?

그러나 은행의 최고 경영진이 간과한 아주 중요한 사실이 하나 있다. 이것은 서브프라임 위기를 키워온 미국 금융기관의 최고 책임자들이 저지른 실수이기도 하다. 은행의 연체율이 하락한 주된 원인이 은행의 공격적 대출이었다는 사실이 그것이다. 기업이나 가계의 영업이익 혹은 소득이 줄어들어 상환능력이 악화되더라도 대출이 계속 공급되는 한 기업이나 가계는 부도에 직면하지 않는다. 늘어난 대출로 먼저 받았던 대출의 이자를 내면 되니까.

은행이 대출을 늘려 연체율이 하락하고, 연체율 하락을 확인한 경영진은 다시 대출확대를 지시한다. 이것은 전형적인 순환논리다. 이 경우는 당사자들 모두 행복하므로 선순환이다. 대출이 증가하면 공장을 사려는 기업이 늘어 공장가격이 올라 담보가치도 상승하므로 선순환은 언제까지나 계속될 것처럼 보인다.

문제는 어느 시점에서 선순환의 고리가 끊기는 경우 발생한다. 어떤 이유로 연체율이 상승세로 돌아서거나 담보가치가 하락하게 되면 은행은 대출을 줄이려 하고 이에 따라 연체율이 상승하는 악순환 구조에 빠지게 될 것이 불을 보듯 뻔하다.

"자금계획을 보수적으로 세우세요"

여기까지가 2008년 상반기까지의 상황에 대한 이야기다. 2008년 하반기 이후 위 상황에 어떤 변화가 있을 것인가? 그리고 그 변화는

불황에서 살아남는 금융의 기술

은행의 중소기업 대출에 어떤 방향으로, 어느 정도의 영향을 미칠 것인가? 이런 전망을 정확히 하는 것은 지난 4년 간의 중소기업 대출시장을 분석하는 것보다 훨씬 더 어려운 과제다.

그러나 S사장처럼 신중한 경영자라면 자기자본의 몇 배에 해당하는 대출을 받기 전에 꼭 심사숙고 해야 할 주제이기도 하다. 많은 기업인들이 고민 없이 받아들이는 다음과 같은 조언,

'은행자금을 쓸 수 있을 때 써야 한다. 더군다나 자가공장 구입을 위한 것이라면 앞뒤 돌아볼 이유가 없다'
는 명제에 대해 다시 한번 고민을 해야 한다는 말이다.

S사장이 심각하게 고민했던 '2008년 하반기 이후의 은행대출 시장 전망'은 지금으로서는 과거의 일이 되어 버렸다. 그러므로 이 자리에서 길게 이야기하지는 않겠다.

중소기업 대출의 연체율이 상승세로 돌아서자마자 폭등이라 불릴 정도로 가파르게 상승하고 있다. 선순환을 악순환으로 바꾼 계기는 미국 서브프라임에서 시작되어 전 세계로 퍼져나간 글로벌 금융위기였다.

지금 시점에서 2009년 하반기 이후의 금융시장 그리고 은행대출 시장의 전망이 어떠할지가 대다수 기업인들의 최대 관심사일 것이다. 여기에 대해서는 심도 있게 논의할 별도의 기회가 있을 것이라 믿는다.

이 글을 마치면서 기업을 하고 있는 분들께 드리고 싶은 말은 이 장의 앞부분에서 했던 이야기의 반복이다. 고민하던 S사장에게 내가 들려줬던 답변이기도 하다.

"은행이 빌려줬던 우산을 비가 내릴 때 뺏어갈지도 모른다는 사실을 염두에 두고 은행대출을 쓸지 말지 결정하는 것이 현명한 경영자의 자세입니다. 은행대출이란 언젠가는 갚아야 할 돈이니까요."

불황에서 살아남는 금융의 기술

불황에서 살아남는
금융의 기술

초판 1쇄 발행 | 2009년 4월 20일

지은이 | 송기균
펴낸이 | 김영주

펴낸곳 | 기업금융연구소
출판등록 | 2008년 8월 8일 제33호
주소 | (448-171) 경기도 용인시 수지구 풍덕천1동 401
전화 | 070-7430-5750
이메일 | kigsong@kg21.net
판매처 | (주)북이십일(21세기북스) 전화 031-955-2100

값 14,000원
ISBN 978-89-962428-0-2   13320